1일
1단어
1분으로 끝내는
정치공부

1일

 ×

1단어

1분 으로 끝내는

정치공부

승지홍 지음

글담출판

"정치는 우리가 삶의 주인이 되어
당당하고 즐겁게 살아가기 위한
발판을 만드는 것이에요."

여러분은 정치라는 말을 들으면 무엇이 떠오르나요? 어려운 것, 복잡한 것이라는 생각이 들지는 않나요? 알고 보면 정치란 그렇게 어렵거나 딱딱하지 않고, 우리와 상관없는 별나라 이야기도 아닙니다. 정치란 대통령이나 국회의원 같은 사람들이 나랏일을 하는 것뿐만 아니라, 우리가 일상에서 다양한 의사결정을 내리는 것을 포함합니다. 예를 들어 교실 에어컨의 온도는 몇 도로 설정해야 할지, 부모님이 정한 통금 시간을 어길지 말지, 점심 메뉴로 자장면을 먹을지 짬뽕을 먹을지 등 우리는 사소한 부분까지 의사결정을 해왔습니다. 이처럼 우리가 이전보다 더 나은 선택을 하고, 보다 나은 삶을 만들어나가는 과정이 '정치'입니다.

우리를 둘러싼 모든 것들이 정치이고 우리 스스로가 정치의 주체라는 것은 엄연한 사실이지만, 어쩐지 남의 일처럼 멀게 느껴집니다. 청소년들이 정치를 쉽고 재미있게 익힐 방법이 없을지 고민하고 있을 무렵, 글담출판사에서 반가운 연락이 왔습니다. 100가지 개념을 통해 정치를 쉽게 알려 주는 책을 만들고 싶다는 것이었지요. 단번에 승낙하고 원고를 써내려 갔습니다. 정치 이야기를 부드럽게 풀어내는 것이 쉽지는 않았지만, 청소년들이 세상을 이해하는 데 꼭 필요한 최소한의 정치 지식을 얻을 수 있도록 돕고자 노력했습니다.

이 책은 일곱 개의 장으로 구성되어 있습니다. 1장에서는 정치와 민주주의의 개념과 의미를 알아봅니다. 2장에서는 다양한 국가·정부가 형성된 역사적 흐름을 살펴봅니다. 3장에서는 정치학을 발전시켜 온 정치학자들, 4장에서는 꼭 기억해야 할 세계 정치사를 다루며 개념을 확장합니다. 5장에서는 선거에 대해 다루며, 6장에서는 오늘날 정치제도와 국가기관의 역할을 낱낱이 살펴봅니다. 마지막 7장은 패스트트랙, 필리버스터, 브렉시트 등 정치이슈를 중심으로 청소년 독자에게 생각거리를 제공합니다.

이 책은 기존의 정치 도서와 달리 백과사전식 구성으로 어느 페이지를 펼치더라도 책 전체의 맥락에 구애받지 않고 읽을 수 있습니다. 월화수목금토일, 하루에 하나씩 부담 없이 공부하면 학교 시험부터 수능, 논술, 면접에 도움이 되는 정치 지식과 교양을 쌓을 수 있습니다. 정치와 관련한 역사와 문화 이야기, 다채로운 사진과 일러스트를 통해 정치를 더욱 흥미롭게 느낄 수 있을 것입니다.

무엇보다 이 책을 통해 청소년 독자들이 정치에 무관심할 수 없다는 사실에 공감한다면 좋겠습니다. 정치는 정치인들의 전유물이 아니라 우리의 것이기 때문입니다. 우리가 행복한 삶을 살아가는 데 도움이 되는 것이 정치임을 느꼈으면 합니다.

사람은 혼자서 살 수 없고, 똑같은 사람은 없습니다. 이 세상의 다양한 사람들을 이어주는 다리 같은 존재가 정치입니다. 우리는 이런 정치를 잘 돌보고 관심을 가져야 합니다. 그렇지 않으면 정치라는 다리에는 금세 균열이 생길 것입니다. 우리가 정치에 관심을 가진다면, 정치는 더 튼튼한 다리가 되어 우리 모두를 이어주는 역할을 충실히 수행할 것입니다.

승지홍

차 례

2장 국가형성

5장　선거제도

6장 국가기관

1장

정치개념

정치의 탄생

골치 아픈 정치, 왜 생긴 걸까?

'정치란 이런 거다'라고 한마디로 정의하기가 쉽지는 않습니다. 그렇다고 너무 어렵게 생각할 필요도 없습니다. 인간이 왜 정치를 만들었는지 먼저 살펴볼게요.

우리는 일상생활에서 정치라는 단어를 많이 듣습니다. 특히 대통령이나 국회의원 등 나라의 일꾼을 선출하는 선거 때 뉴스로 많이 접하지요. 이때 누구는 정치를 잘했다고 사람들에게 칭찬을 듣고, 누구는 잘못했다고 비판을 받기도 합니다. 시민들은 정치가 잘못되었다고 생각하면 시위를 통해 의견을 드러내기도 하지요. 정치가 무엇이기에 우리가 이렇게 관심을 가지는 걸까요?

사람은 태어난 그 순간부터 혼자서는 살아갈 수 없습니다. 혼자 힘으로는 거대한 자연에 맞서기도 힘들고, 다른 동물들 사이에서 살아남기도 어렵기 때문이죠. 세심하게 보살펴 줄 부모님이 필요하고, 아플 때는 의사의 도움이 필요합니다. 함께 놀 친구나 가르침을 줄 선생님도 있어야 합니다. 이처럼 인간은 다른 사람과 함께 사회를 이루어야만 살아갈 수 있기 때문에 '사회적 동물'이라고 부릅니다.

인간은 혼자서 살 수 없는 불완전한 존재이기 때문에 '공동체'를 만들어 서로 협력해 왔습니다. 그런데 여러 사람들이 사회를 이루고 살다 보니 여러 가지 갈등이 생겼습니다. 힘 있는 사람들이 약한 사람들을 괴롭히는 등 제멋대로 행동하는 상황이 벌어진 거죠. 이것을 방치하면 사회는 혼란해져서 안정을 이룰 수 없게 됩니다. 이러한 문제가 생기는 것을 막기 위해 인간은 사회 구성원 모두가 동의할 수 있는 최소한

아테네의 정치가 페리클레스Pericles가 의회 앞에서 연설하는 모습을 묘사한 그림. 정치는 고대 시대부터 존재했다.

의 규칙과 원칙을 정하게 되었죠. 즉, 사회에 필요한 질서와 규칙을 만든 것입니다.

이것이 바로 정치의 탄생 과정입니다. '정치'란 인간이 서로 힘을 합쳐 잘 살아가기 위한 장치라고 할 수 있습니다. 그래서 어떤 사회든 반드시 정치가 있습니다. 정치가 있는 사회와 정치가 없는 사회로 구분하는 것은 불가능합니다.

정치의 의미

축제에서 함께 부를 노래를
정하는 것도 정치일까?

　　고대 그리스의 철학자 아리스토텔레스Aristoteles는 "인간은 정치적 동물이다"라는
말을 남겼습니다. 사회 안의 그 누구도 정치로부터 자유로울 수 없다는 뜻이죠. 사람
은 누구나 다른 사람과 더불어 살아갈 수밖에 없기 때문입니다. 정치에 관심이 없다
고 말하는 사람조차도 실제로는 정치와 밀접한 관계를 맺으며 살아가고 있습니다.

　　예를 들어 친구들과 영화관에 가서 무슨 영화를 볼지 고른다고 생각해 봅시다.
각자 보고 싶은 장르가 다를 수 있습니다. 또 누구는 이미 영화를 봤을 수도 있습니
다. 이렇게 의견이 분분할 때 친구들과 의견을 모아 한 편의 영화를 골라내는 과정이
바로 정치입니다.

　　'정치'는 '사회적 희소 가치에 대한 권위적 배분'이라고 정의 내릴 수 있습니다. 사
람들이 흔히 갖고 싶어 하는 부·권력·명예 등을 서로 동의할 수 있는 방법으로 나누
는 과정이 바로 정치입니다. 정치는 둘 이상의 사람이 모이면 자연스럽게 작동하는
생활 원리입니다. 누구나 살아가면서 정치를 할 수밖에 없습니다.

　　정치의 의미는 넓은 의미와 좁은 의미로 살펴볼 수 있습니다. '넓은 의미의 정치'
란 서로 다른 사람들이 의견을 모아서 갈등이나 문제를 잘 해결해 나가는 것입니다.
여러분이 동아리 친구들과 축제에서 부를 노래를 정하는 것, 교실 청소를 누가 할지
정하는 것 등은 넓은 의미의 정치입니다.

　　그렇다면 좁은 의미의 정치도 있을까요? 물론입니다. '코로나19의 확산으로 사회

학교에서 조별 과제를 하면서 역할 분담을 하는 것은 넓은 의미의 정치이며,
대통령이나 국회의원 등이 정책을 결정하는 것은 좁은 의미의 정치이다.

적 거리두기 단계를 올릴 것인가?' '어느 동네에 지하철을 개통할 것인가?' 등 국가나
지역 차원에서 결정해야 하는 사안이 있습니다. 사회적 거리두기 단계를 제때 올리
지 않으면 코로나19를 예방하기 어렵고, 지하철이 생기면 우리 동네 집값이 올라갈
수 있겠지요. 국가와 지역의 구성원들은 어떤 결정을 내리는지에 따라 여러모로 영
향을 받습니다. 이처럼 국가와 지역의 중요 사안을 다루는 활동을 '좁은 의미의 정치'
라고 합니다. 이러한 일은 정치가들이 하지만, 우리의 생활에 큰 영향을 끼칩니다.

정치과정

정치는 어떤 경로로
국민의 요구를 반영할까?

마을에 엄청난 부자가 살고 있습니다. 드라마에서나 볼 수 있는 갑부이지요. 그런데 바로 아래 골목에는 가난한 사람들이 살고 있습니다. 이러한 빈부격차를 해소하려면 어떻게 해야 할까요?

캐나다의 정치학자 데이비드 이스턴David Easton은 "사회적 가치를 권위적으로 배분하는 과정이 정치다"라고 말했습니다. 위 사례에 적용해 본다면, 정부가 부자에게 세금을 걷어서 사회적 약자에게 나누어주는 활동이 곧 정치입니다.

이스턴이 말하는 정치과정에 대해 알아볼게요. 이스턴은 "사회적 가치를 권위적으로 배분하는 과정은 정책으로 나오고, 정부와 같이 권위를 부여받은 기관이 정책을 결정한다"라고 말했습니다. 즉, 정부는 국민의 요구와 지지를 바탕으로 정책을 결정해야 한다는 뜻입니다. 국민은 자신들의 요구에 정책이 얼마나 부응하는지 평가하고, 새로운 정책을 요구하기도 합니다. 이에 이스턴은 정치가 '투입-산출-환류'라는 과정을 거친다고 설명했습니다.

이스턴의 정치과정을 학교 이야기로 비유해 볼게요. '투입Input'은 국민의 요구와 지지로 이루어지는 모든 정치 활동을 뜻합니다. 예를 들어 교복이 불편한 학생들이 학교에 교복 자율화를 건의하고 토론·투표 등으로 의견을 모으는 과정이 요구와 지지입니다.

국민의 의견이 투입되면 행정부와 같은 정책 결정 기구는 일정한 반응을 보여줍

빈부격차를 느낄 수 있는 빌라와 고급 아파트 사진. 사회적 불평등을 해소하려면 사회적 가치를 재분배하는 활동이 중요하다.

니다. 예컨대 학교는 학교 운영위원회를 열어 새로운 교복 규정을 논의하고 결정하게 됩니다. 이것이 바로 산출Output입니다. 즉, '산출'은 국민의 요구와 지지를 바탕으로 정책을 결정하고 실행하는 과정입니다.

학교 운영위원회에서 새로운 교복 규정을 결정하면, 학생들은 새롭게 시행된 교복 규정을 비판·평가하고 개선책을 건의하겠죠. 학생들의 건의 사항은 다시 교복 규정에 반영됩니다. 정책 결정은 이러한 '환류Feedback' 과정을 거칩니다.

데이비드 이스턴의 정치과정

좌파·진보 vs. 우파·보수

왜 진보는 좌파이고,
보수는 우파일까?

사람들은 정치 이야기를 할 때 좌파와 우파, 진보와 보수라는 단어를 자주 붙이곤 합니다. 좌파와 우파, 진보와 보수라는 말은 어떻게 다를까요?

'좌파'는 진보적이거나 급진적인 정치관을 가진 개인이나 단체를 뜻합니다. 주로 사회적 불평등에 반대하는 정치적 입장으로 평등과 분배, 환경 문제, 사회적·제도적 책임에 대한 관심이 높습니다. '우파'는 사회적 안정(보수)을 바탕으로 온건한 개혁을 주장하는 개인이나 단체를 의미합니다. 상대적으로 성장, 부국강병, 기회 활용의 자율성, 개인의 책임에 대한 관심이 크죠. 좌파는 평등이라는 가치를, 보수는 자유라는 가치를 더 중요하게 여깁니다. 경제적인 관점에서 좌파는 분배와 복지를, 우파는 경쟁과 효율을 강조합니다.

좌파와 우파 개념은 1789년 프랑스 혁명에 기원을 두고 있습니다. 프랑스 혁명 직후 소집된 국민 의회에서 급진적인 성향의 공화파 의원들이 왼쪽에 앉았습니다. 온건하거나 보수적인 성향을 가진 왕당파 의원들은 오른쪽에 앉았고요. 이것이 바로 좌파와 우파를 나누는 하나의 모델이 된 것입니다.

한편, 보수와 진보는 우리 사회의 이념을 대변하는 용어입니다. 보수는 기존의 가치와 체계, 질서를 유지하려는 이념을 가리켜요. 반면 '진보'는 기존의 질서를 타파하거나 개혁해 변화를 추구하는 이념을 담고 있죠. 보수와 진보 모두 인간의 자유와 평등을 소중한 가치로 인식합니다. 보수는 자유를 강조하고 진보는 평등을 강조합니다.

좌파와 우파는 정치적 가치관의 차이이며, 옳고 그름을 가리는 개념은 아니다.

진보의 한자어는 '進(나아갈 진), 步(걸음 보)'로 앞으로 가자, 지금의 체제를 좀 더 빠르게 바꿔보자는 말입니다. 보수는 그 반대입니다. 보수의 한자어는 '保(지킬 보), 守(지킬 수)'로 안정적인 변화를 추구하고 전통적 가치를 지키자는 말입니다.

가장 중요한 것은 이러한 개념들은 세상을 바라보는 방식이 다를 뿐 서로 다투기 위해 만들어낸 말이 아니라는 것입니다. 또한 이러한 개념들은 시대·사람·관점에 따라 변화하는 상대적인 개념입니다. 예를 들어 반팔이 진보고 긴팔이 보수라고 가정해 보겠습니다. 어느 날 갑자기 민소매가 나타났어요. 민소매 입장에서 반팔은 무엇일까요? 상대적으로 보수가 되겠죠. 그렇다면 긴팔 입장에서 민소매는 무엇일까요? 엄청난 진보가 될 것입니다. 긴팔 입장에서는 반팔도 여전히 진보일 거고요. 이것이 바로 진보와 보수의 상대성입니다.

시민과 국민

왜 민주 시민은 있는데
민주 국민은 없을까?

여러분은 시민과 국민 중 어떤 말을 더 자주 사용하나요? 시민과 국민이라는 말은 어떤 차이가 있을까요? 우리나라는 서구와 달리 시민이라는 표현을 즐겨 쓰지 않습니다. 사회 전체 구성원을 지칭할 때는 대개 국민이라 하고, 시민은 서울 시민, 부산 시민처럼 한정된 표현으로 씁니다.

시민市民은 한자를 풀어보면 도시의 구성원을 뜻합니다. 하지만 실제로는 그 의미가 훨씬 크다는 걸 알 수 있습니다. 고대 그리스의 아테네에서 시민은 정치에 참여하는 주권자를 일컬었습니다. 단순히 도시에서 사는 사람이 아닌 시민으로 대우받는 사람을 가리킨 것이지요. 이처럼 '시민'은 재산이 있고 교양을 갖추고 정치에 참여하는 사람, 자신이 나라의 주인임을 자각하고 주인답게 행동하며 책임을 지는 사람을 의미합니다. 그래서 교과서에도 민주 국민이라는 말보다는 민주 시민이라는 말을 더 많이 쓰는 것입니다. 세계사 시간에 배우는 영국의 명예혁명, 프랑스 혁명, 미국의 독립전쟁도 '3대 시민혁명'이라고 부르지요.

'국민國民'은 말 그대로 국가를 구성하는 사람을 가리킵니다. 대한민국 구성원인 우리나라 국민은 국적법에 따라 한국 국적을 얻은 사람을 뜻하는데요, 국적은 출생이나 귀화를 통해 얻습니다.

이처럼 시민과 국민은 엄연히 다른 표현입니다. 같은 나라 국적을 가진 사람이라는 뜻을 가진 국민과 달리, 시민은 민주 사회의 구성원으로서 공공의 의사결정 과정

기후변화 문제에 적극적으로 나서는 스웨덴의 시민운동가 그레타 툰베리Greta Thunberg의 모습. 정
책 결정에 자발적, 주체적으로 참여하는 사람을 시민이라고 한다. ⓒMarkus Schweizer

인 정치과정에 주체적으로 참여하는 사람들을 지칭하기 때문입니다.

　　현대 사회는 오랜 투쟁과 희생의 결과로 모든 국민이 시민이 되었습니다. 우리나
라도 4·19 혁명이나 6월 민주항쟁과 같은 시민혁명을 거치면서 민주주의를 이루어
냈습니다. 이러한 역사적 사건을 통해 국민이 직접 대통령을 뽑게 되었고, 모든 국민
이 시민으로 인정받는 진정한 민주주의 시대로 접어들게 되었습니다.

좋은 정치와 나쁜 정치

일진과 독재자는
어떤 공통점이 있을까?

좋은 정치와 나쁜 정치의 차이는 무엇일까요? '좋은 정치'는 국민이 나라의 주인으로 참여하도록 하는 것, 국민이 행복하고 편안하게 살 수 있도록 하는 것입니다. 좋은 정치가 이루어지려면 헌법이 있어야 하고, 국민이 자유와 평등, 인간의 존엄성을 누릴 수 있어야 합니다.

'나쁜 정치'는 국민을 살기 어렵게 만들고, 의사결정에서 소외시키고 배제하는 것입니다. 다수 국민의 의견을 반영하지 않은 잘못된 정책, 정치인의 부정부패, 국가나 정치 지도자들의 무책임하고 부적절한 언행 등이 나쁜 정치의 사례입니다.

좋은 정치와 나쁜 정치는 우리 일상에서 쉽게 발견할 수 있습니다. 학교생활을 하다가 간혹 자신이 가진 힘을 이용해 다른 친구들을 마음대로 움직이려고 하는 학생을 본 적이 있을 겁니다. 이렇게 힘이 센 학생이 친구들을 제멋대로 대하기 시작하면, 반 분위기가 나빠지고 서로 눈치를 보게 됩니다. 자기 마음대로 하는 학생에게 항의하거나 부당한 관계를 바꾸려는 노력을 하지 않는다면, 나머지 학생들은 그 친구의 권력에 순순히 따르게 되죠. 이것이 바로 나쁜 정치입니다. 이런 현상이 국가 차원에서 나타나면 독재정치가 되는 것이고요.

이때 어떤 친구가 용기를 내서 항의하면 어떨까요? 대다수 학생들은 마음속으로 그 친구를 응원할 거예요. 단 한 사람이라도 이 친구와 뜻을 같이한다면 힘센 친구의 영향력은 줄어들 것이고, 나머지 학생들도 점차 자유롭게 행동하겠죠. 결국 힘센 친

대한민국의 학생운동가 이한열 열사의 추모비. 이한열 열사는 1987년 전두환 정권의 독재 타도를 외치는 시위에 참여했고. 그의 죽음은 6월 민주항쟁의 도화선이 되었다.

구의 잘못된 권력이 사라질 것입니다. 이것이 바로 '민주화'입니다. 어쩌면 처음으로 문제를 제기한 친구는 손해를 볼 수도 있을 거예요. 그렇지만 그 친구는 용기 있게 자기 생각을 표현함으로써 자신은 물론, 많은 친구들을 자유롭고 편안하게 만들었어요. 이런 것이 좋은 정치입니다.

우리는 가정이나 학교에서 좋은 정치를 위해 노력하고, 나쁜 정치가 일어나지 않도록 적극 행동해야 합니다. 언제든 나쁜 정치가 다시 세력을 키우지 않도록 우리 모두 경각심을 가져야 하는 것입니다.

정치권력

합법적으로 얻은 권력은 정당하고,
폭력적으로 얻은 권력은 부당할까?

정치권력은 국가가 갖는 것입니다. 예를 들어 일반적인 권력이라면 개인이나 특정한 집단도 가질 수 있습니다. 하지만 '정치권력'은 국가기관을 맡아 나라의 권력을 행사하는 힘을 의미합니다. 국가의 입법권을 행사하는 국회의 권한, 국가의 행정권을 행사하는 대통령의 권한, 국가의 사법권을 행사하는 법원의 권한이 바로 정치권력입니다.

독일의 사회과학자 막스 베버Max Weber는 "권력이란 자기 의사를 관철할 수 있는 모든 가능성이다"라고 말했습니다. 이 말에 따르면, 정치권력이란 '정치적 목적을 이루는 데 쓰이는 힘'이라고 할 수 있겠네요.

그런데 정권 획득이라는 말을 들어 봤나요? 정치권력은 국가가 존재하는 한 계속 유지되지만, 정권은 A 정권에서 B 정권, C 정권으로 계속 바뀔 수 있습니다. 정치권력을 갖고 싶어하는 개인이나 집단은 아주 많은데, 어떻게 얻을 수 있을까요? 선대의 정치권력을 이어받는 세습적 방법, 힘으로 상대방을 정복해서 얻는 폭력적 방법, 합법적 선거를 통해 얻는 합법적 방법 등이 있습니다.

세습적 방법은 역사 속 많은 나라에서 널리 쓰였습니다. 왕권이 세습되기는 했지만 누가 왕권을 계승할 것인지를 둘러싸고 치열한 권력 투쟁이 벌어졌지요. 폭력적인 방법은 군사 쿠데타가 대표적입니다. 이성계의 조선 건국도 폭력적 방법으로 권력을 장악한 것이었죠. 박정희, 전두환 정권 역시 마찬가지입니다.

폭력적 방법으로 얻은 권력이 무조건 정당하지 못한 것은 아닙니다. 정당한 경우가 얼마든지 있을 수 있습니다. 독재 권력을 타도하는 혁명의 경우, 폭력적 방법에 따른 권력 획득이라 해도 정당하다고 할 수 있습니다.

근대에 접어들면서 많은 나라가 선거를 통해 정치권력을 획득하는 합법적 방법을 채택

1960년 5월 29일자 경향신문. 3·15 부정선거를 저지른 이승만 대통령이 물러나고 하와이로 망명을 가는 모습을 보도했다.

하고 있습니다. 하지만 이 경우에도 정당한지 잘 살펴봐야 합니다. 겉으로는 합법적인 것 같지만, 정부가 선거에 개입해 여당에 유리하도록 만드는 관권선거, 금전적인 가치가 있는 물품을 주고 표를 약속받는 금권선거 등 부정선거로 권력을 획득하는 것은 아닌지 따져보아야 합니다.

합법적인 정치권력은 법을 기초로 합니다. 모든 권력을 법에 근거해 행사하는 '법치주의'를 근본으로 삼아야 하는 것이지요. 입법부인 국회와 행정부인 대통령, 사법부인 법원의 모든 행위는 국민의 대표 기관인 국회가 만든 법률에 따라야 합니다.

법치주의

사람들이 '법대로' 살기 시작한 것은 언제부터일까?

주변에서 어른들이 다투는 모습을 본 적이 있나요? 의사소통이 불가능해지는 지점에 이르면 반드시 나오는 말이 하나 있죠. 바로 "법대로 하자!"입니다. 사소한 접촉 사고부터 층간 소음이나 상속 문제를 두고 벌어지는 싸움의 끝도 대개 '법대로'입니다. 그런데 우리 사회는 정말 법대로 굴러가는 사회일까요? 아니, 법대로 굴러가는 사회란 어떤 걸까요?

'법대로'를 좀 유식하게 표현하면 법치주의法治主義가 됩니다. '법치주의'란 법法을 통한 사회의 지배라는 뜻으로, 객관적인 규범에 따라 나라를 통치한다는 뜻입니다. 법치주의 국가에서 모든 정치권력은 의회가 만든 법에 따라야 합니다. 국민의 권리를 제한하거나 의무를 부과하는 등 모종의 명령을 내리거나 책임을 지울 때, 반드시 의회에서 만든 법률을 지켜야 한다는 뜻이지요. 어느 날 갑자기 세금을 더 걷는다거나, 신도시를 건설한다며 예고도 없이 지역 주민을 몰아내는 일 등은 법치에 어긋납니다.

법치주의는 국민의 자유와 권리를 보장하고 자유민주주의의 근본 이념인 인간의 존엄성을 실현하는 것을 목적으로 합니다. 법이란 국민이 안전하고 평화롭게 생활하고 정의로운 사회를 만드는 역할을 하기 때문입니다.

법치주의가 지금처럼 시민의 권리를 보호하기 위한 수단으로 확고하게 자리 잡은 것은 근대 시민혁명 이후입니다. 18세기 프랑스에서는 왕이 절대적인 힘을 누리고 있었습니다. 절대 군주들은 무소불위의 권력을 바탕으로 마음대로 세금을 걷고, 시도 때도 없이 국민을 군대에 보내 나라를 지키게 했지요. 폭정을 견디지 못한 사람들은 인간다운 삶을 주장하며 마침내 혁명을 일으킵니다. 그 결과, 인권 선언을 통해 군주의 권한은 의회에서 정한 법률을 근거로 해야 한다는 법치주의가 세워집니다.

법을 상징하는 정의의 여신상. 두 눈을 안대로 가린 것은 공평함을 지킨다는 뜻이다. 손에 든 저울은 갈등 해결을, 칼은 사회 질서를 파괴하는 자를 제재하는 것을 의미한다.

　　그런데 여기서 한 가지 의문이 듭니다. 법을 통해 권력을 주었는데, 또 다른 법으로 권력을 제한한다니 이상하지 않나요? 국가가 스스로 권력을 행사하고 스스로를 감시하는 꼴이 되잖아요. 이러한 모순을 해결하기 위해 권력분립이 이루어집니다. 정치권력을 영역별로 나누고, 각각의 권력이 서로를 감시하고 견제할 수 있도록 한 것입니다.

권력분립

민주주의 국가는 왜 번거롭게
정치권력을 쪼개는 걸까?

　만약 어떤 사람이 나라의 모든 권력을 독차지한다면, 제멋대로 국가와 국민을 좌우할 수 있을 것입니다. 국민은 자유와 권리를 빼앗기고 큰 고통을 받겠지요. 그런 잘못된 일을 막기 위해 민주주의 국가는 정치권력을 여럿으로 나누는데요. 이를 '권력분립'이라고 합니다. 권력분립은 국민의 자유와 권리를 지키기 위해 꼭 필요한 장치입니다.

　그렇다면 권력은 어떻게 나눌까요? 법을 만드는 '입법부(국회)', 국가에 필요한 일을 하는 '행정부(대통령을 비롯한 정부)', 법을 지키는지 어기는지 판단하는 '사법부(법원)'로 나눕니다. 셋 중에 어느 한 부분이 지나치게 큰 힘을 가지면 독재가 될 위험이 커지기 때문에 입법부와 행정부, 사법부는 서로 견제해 균형을 이룹니다.

　입법부인 국회는 법을 만드는 권한을 갖고 있습니다. 국회의 힘이 지나치게 크면 자신들에게 유리한 법을 만들거나 자칫 국민에게 피해를 주는 법을 만들 수 있습니다. 따라서 국회의 법률안은 대통령이 "법으로 만들어도 좋다"라고 승인해야 효력이 생깁니다. 이렇듯 입법부가 만들고 대통령이 승인한 법이라도, 사법부는 그 법이 헌법에 어긋나는지 감시할 수 있습니다. 또한 사법부인 헌법재판소는 헌법에 어긋나는 법을 없앨 수 있습니다. 입법부가 제대로 법을 만들도록 견제하는 것이지요.

　사법부에서 가장 중요한 자리인 대법관과 헌법재판관이 되려면 국회의 동의를 얻어야 합니다. 자질이 부족한 사람이 대법관과 헌법재판관이 되지 않도록 국회가

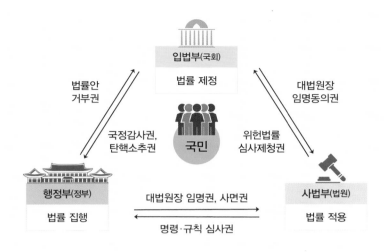

입법부(국회)

법률 제정

법률안
거부권

대법원장
임명동의권

국정감사권,
탄핵소추권

국민

위헌법률
심사제청권

행정부(정부)

법률 집행

대법원장 임명권, 사면권

명령·규칙 심사권

사법부(법원)

법률 적용

우리나라는 정치권력을 입법부 · 행정부 · 사법부로 나누고 서로 견제하게 함으로써 국민의 자유와
권리를 지키고 있다.

사법부를 견제하는 것이죠. 사법부가 재판을 할 때, 자신이 싫어하는 쪽에 불리한 판결을 내리거나 실수할 수 있습니다. 그래서 대통령(행정부)은 사법부에서 유죄 판결을 받은 사람의 벌을 면제할 수 있는데, 이를 '사면'이라고 합니다. 행정부는 이러한 방법으로 사법부를 견제합니다.

국회는 행정부가 나라 살림을 잘했는지 검사하고, 행정부의 관리인 대통령과 장관이 법을 어기면 그 사람을 자리에서 내쫓자고 결정할 수 있습니다. 사법부 역시 행정부를 견제합니다. 행정부에서 일을 하다 보면 국회에서 만든 법으로는 부족하기 때문에 행정부는 명령과 규칙을 만드는데요, 사법부는 행정부가 만든 명령과 규칙이 헌법에 어긋나는지 심사합니다. 만약 헌법에 위배되면 명령과 규칙을 없앱니다.

권력을 여럿으로 나누는 이유는 독재를 막기 위함입니다. 어느 한쪽이 지나치게 많은 권력을 갖거나 아예 독차지한다면, 그들이 국민의 권리와 자유를 빼앗아도 아무도 막을 수 없기 때문입니다.

알아 두면
쓸모 있는
1분지식

10일 - 010

민주공화국

북한은 민주국가가 아닌데
왜 공화국이라 칭할까?

"대한민국은 민주공화국이다"라는 말, 들어본 적 있지요? 우리나라 헌법 제1장 1조에 이렇게 명시되어 있답니다. 그렇다면 공화국은 무슨 뜻일까요?

공화국을 뜻하는 영단어 Republic은 라틴어로 Res(국가)와 Pulica(공공의)의 합성어입니다. 두 단어를 합치면 공화국은 '공공의 것', '공공의 국가'라는 뜻이 됩니다. 대한민국도 영어로 Republic of Korea라고 합니다.

한자어로 풀어보면 공화共和라는 어원은 고대 중국 주나라에서 살펴볼 수 있습니다. 여왕屬王의 폭정으로 반란이 일어나자, 도피해 버린 왕을 대신해 제후들이 통치를 했는데요, 이 시기를 공화共和 시대라고 불렀습니다.

서양에서 가장 유명한 공화국은 로마입니다. 기원전 509년, 로마 귀족들은 왕을 추방하고 공화국을 세웠습니다. 이들은 왕이 갖고 있던 권한을 두 명의 콘솔(집정관)에게 넘겨주었습니다. 콘솔들은 켄투리아(Comitia, 로마 군단의 부대 단위) 회의라는 민회에서 투표로 뽑았고, 임기는 1년이었습니다. 콘솔이 두 명이었던 것은 상호 견제를 통해 권력 남용을 막기 위해서였습니다.

주나라와 로마를 통해 공화국의 뜻을 유추해 보면, 여러 통치자들이 일정한 임기 동안 합의를 통해 나라를 통치하고 물러나는 것임을 알 수 있습니다. 공화란 공공의 것이기에 한 사람이 소유할 수 없다는 것이지요. 오늘날 공화국의 주권은 국민에게 있고, 현재의 공화국들이 민주주의를 채택하는 것이 당연한 것처럼 보입니다.

우리가 흔히 말하는 '공화국'은 주권을 가진 국민이 뽑은 대표가 법과 제도를 통해 국가를 운영하는 정치체제를 말합니다. 공화국의 반대말은 군주국입니다. '군주국'은 군주 한 사람이 주권을 갖고 통치하는 나라이고, '공화국'

켄투리아 민회의 모습

은 여러 사람이 주권을 가진 나라입니다. 군주국은 왕이 존재하지만 공화국은 왕이 없습니다. 가장 높은 자리에 있는 사람은 왕이 아니라 국민입니다.

그렇다면 공화국은 민주공화국 딱 한 가지만 있을까요? 정치학에서는 주권을 누가 갖고 있느냐에 따라서 국민 모두가 주권을 가진 '민주공화국', 귀족이 주권을 가지고 운영하는 '귀족공화국', 소수의 사람이나 집단이 주권을 가진 '과두제공화국'으로 나눕니다. 그러니까 조선민주주의인민공화국, 중화인민공화국처럼 민주주의 국가가 아니면서도 공화국이라는 이름을 쓰는 나라들도 있습니다. 이들 국가도 투표를 통해 대표를 선출하지만, 그 대표가 권력을 세습한 독재자와 크게 다르지 않습니다.

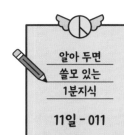

민주주의의 의미

민주주의를 왜
여행용 가방 같다고 말할까?

민주주의가 뭘까요? 초등학교 때부터 민주주의에 대해 배웠는데, 막상 그 의미를 설명하기가 쉽지 않지요. '민주주의'란 국민이 주인이 되어 국민을 위한 정치를 하는 제도를 뜻합니다. 미국의 링컨Abraham Lincoln 대통령이 했던 "국민의of the people, 국민에 의한by the people, 국민을 위한for the people 정치"라는 말이 곧 민주주의입니다. 국민의 정치란, 나라의 주인이 왕이나 대통령이 아닌 국민이라는 뜻입니다(국민주권). 국민에 의한 정치는 국민이 나라를 운영한다는 뜻이며(국민자치), 국민을 위한 정치란 나랏일이 국민의 행복을 위한 것이어야 한다는 의미입니다(국민복지).

민주주의라는 말은 그리스어 Demokratia에 기원을 두고 있습니다. 이는 국민 Demos과 지배Kratos라는 두 낱말을 합친 것으로, 국민이 정치권력을 갖는 체제를 말합니다. 민주주의는 역사적으로 영국의 명예혁명, 프랑스 혁명, 미국의 독립전쟁 등을 거치면서 인류 보편의 가치와 제도로 자리 잡았습니다.

그런데 나라마다 사회적·경제적 체제가 달라서 민주주의의 형태 또한 다양하게 나타났어요. 우리나라가 채택한 자유민주주의는 개인의 자유를 최대한 보장하고 시장 경쟁의 원리를 강조하는 민주주의입니다. 한편, 제2차 세계대전 후 유럽 여러 나라에서는 빈부격차, 환경오염 등의 문제를 해결하기 위해 국가가 생산 수단 및 재산을 소유하고 관리하려는 사상이 나타났는데요, 이를 '사회민주주의'라고 부릅니다.

민주주의는 흔히 '여행용 가방' 같다고 얘기합니다. 똑같은 가방이라 하더라도 주

프랑스 혁명을 묘사한 그림

인에 따라 내용물이 달라지듯, 민주주의도 주장하는 사람에 따라 의미가 달라질 수 있다는 뜻이지요. 알다시피 민주주의는 다수를 위한 제도입니다. 자기 욕심만 챙기려는 사람에게는 거추장스럽고 불편할 수 있겠지요. 그런 사람은 "남들 이야기 들어줄 여유 없어. 그냥 내 맘대로 할래"라고 말합니다. 이럴 경우 민주주의가 퇴색될 우려가 있습니다.

민주주의는 국민이 주인이 되어 나라를 운영하는 것입니다. 민주주의 국가에서는 국민이 나라의 주인으로서 법치주의와 권력분립의 원칙을 지키며 통치하는 것이 중요합니다.

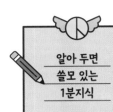

다수결의 원리

다수가 인정한다면
살인도 할 수 있는 걸까?

민주주의는 어떻게 작동할까요? 그 비밀은 다수결의 원칙에 있습니다. 만약 30명의 사람 중에서 한 명만이 완전하고, 나머지 29명이 불완전하다면 어떻게 될까요? 그렇다면 결정은 쉽습니다. 완전한 한 명의 주장이 곧 진리일 테니까요. 진리는 머릿수하고는 관계가 없습니다. 이것이 플라톤이 주장한 철인哲人 정치입니다.

인간이 아무런 문제를 저지르지 않는 철인이 될 수 있다는 생각은 옛날부터 참으로 많은 사람들이 빠졌던 오류입니다. 하지만 그 누구도 철인이 될 수 없었죠. 이것은 인간이 신이 될 수 없는 것처럼 명백한 사실입니다. 완전한 사람이 없다면 한 사람보다는 두 사람의 의견이, 두 사람보다는 네 사람의 의견이 더 나을 가능성이 높습니다. 결국 최대 다수가 동의한 것이 틀릴 가능성이 제일 적다고 생각할 수밖에 없습니다. 다수의 의견을 바탕으로 의사결정을 내리는 것이 '다수결의 원리'입니다.

사람마다 의견이 다른 경우를 생각해 봅시다. 세상일은 옳고 그름으로 판단할 수 있는 문제도 있지만, 그렇지 않은 것도 많습니다. 예를 들어 사람을 죽이는 경우는 옳고 그름이 분명합니다. 살인은 나쁜 것이니까요. 그런데 체육대회에 우리 반 티셔츠를 빨간색으로 할지 파란색으로 할지 결정하는 것은 옳고 그름의 문제가 아닙니다. 그저 개성과 취향의 차이라면 한 명이라도 많은 쪽이 선택한 옷을 입는 게 보다 합리적일 것입니다. 물론 다수가 선택한 파란색 티셔츠를 입기로 결정했더라도 빨간색 티셔츠를 고른 소수의 의견을 최대한 존중해야 합니다. 충분한 대화와 토론을 통

학교에서 다수결로 투표를 하는 모습

해 서로 만족할 수 있도록 합의점을 찾는 노력이 필요한 것이지요.

다수결의 원리는 인간의 불완전성과 다양성을 인정하고 최선을 찾아가는 방법이자, 최대 다수의 합의를 만들어내는 정치 원리입니다. 최선이 어렵다면 조금이라도 덜 나쁜 것을 찾아가는 사회 운영 방법이기도 합니다.

앞서 살인은 어떤 경우에도 나쁘다고 했지만, 전쟁 상황이라면 어떨까요? 아무리 전쟁 중이라도 살인은 잘못이라고 주장할 수도 있습니다. 그러나 많은 사람들이 나라와 가족을 지키기 위해 부득이한 경우 살인을 할 수도 있다고 생각합니다. 전쟁이나 일제강점기 독립운동, 정당방위 같은 상황을 들 수 있습니다. 이처럼 명백해 보이는 문제도 따지고 보면 생각할 것이 많습니다. 이럴 때 우리는 다수의 합리적인 선택에 의지하는 것입니다.

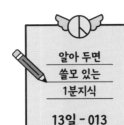

알아 두면
쓸모 있는
1분지식

13일 - 013

민주주의의 이념

민주주의는 왜 우사인 볼트와 여러분을
같은 출발선에 세우지 않을까?

민주주의에서 가장 중요하게 여기는 것은 뭘까요? '인간 존중'입니다. 재산이 많든 적든, 공부를 했든 안 했든, 인간은 누구나 존중받을 가치가 있다는 말이지요. 인간의 존엄성을 보장하려면 자유와 평등이 기본 바탕이 되어야 합니다.

'자유'는 외부의 구속을 받지 않고 자신의 판단과 의지에 따라 스스로 결정하고 행동할 수 있음을 뜻합니다. 자유는 두 가지 개념으로 나눌 수 있어요. '소극적 자유'는 국가로부터 억압이나 구속을 받지 않는 것으로, 국가로부터의 자유를 의미합니다. '적극적 자유'는 국민이 공동체나 국가 운영에 능동적으로 참여하는 것, 국가가 적극적으로 나서서 국민의 생활과 자유를 보장해 주는 것입니다. 이는 국민이 인간다운 생활을 하는 데 필요한 조건의 형성을 국가에 요구할 수 있는 권리인 '사회권'의 형태로 보장되고 있습니다.

'평등'은 신분적 특권을 배제하고 모든 인간이 동등한 권리를 갖는 상태를 뜻하는데요, 두 가지로 나눠볼 수 있습니다. 먼저 '절대적 평등'이란 모든 사람을 똑같이 대우하는 것을 의미합니다. 같은 일을 한 사람들에게 같은 임금을 주는 것, 누구나 선거에서 한 표씩만 행사할 권리를 주는 것은 절대적 평등에 해당합니다.

그런데 여기에는 문제가 있어요. 현실적 차이(선천적 조건, 능력 차이 등)를 고려하지 않기 때문에 실질적 불평등이 발생할 수 있다는 점입니다. 예를 들어 "우리 회사는 절대적 평등을 고수합니다!" 하면서 같은 부서에 근무하는 신입사원과 5년 경력자에

절대적 평등은 마라톤 출발선을 똑같이 하는 것이고, 상대적 평등은 어린이와 장애인 등 신체적 조건의 차이를 고려해 출발선을 다르게 맞추는 것이다.

게 같은 급여를 준다면 어떻게 될까요? 우사인 볼트와 여러분이 동일선상에서 100m 달리기를 한다면 어떤 결과가 나올까요? 뭔가 잘못됐다고 느낄 겁니다.

이러한 문제를 보완하는 것이 상대적 평등(실질적 평등)입니다. '상대적 평등'은 개개인의 차이를 인정하고 약자를 적극적으로 배려하는 것입니다. 무조건 절대적 평등을 강요하기보다는 현실적으로 발생하는 차이를 인정하는 것입니다.

"선생님, 차이를 무조건 인정하는 게 오히려 차별 아닌가요?"라고 묻고 싶을 텐데, 좋은 질문입니다. 여기서 말하는 차이의 인정은 사회적 약자를 위한 적극적 배려를 의미합니다. 대학에 입학할 때 국가유공자 자녀에게 가산점을 주는 제도, 우수한 평가를 받은 대학에 운영 보조금을 추가로 주는 것, 소득이 많은 사람에게 세금을 더 많이 걷는 조세 제도 등이 해당합니다.

직접민주주의

일반 국민이 법안을 내고
부패한 공직자도 파면할 수 있을까?

민주주의는 국민이 정치에 참여하는 수단과 방법에 따라 직접민주주의와 대의민주주의로 나눌 수 있습니다. '직접민주주의'는 나라의 주인인 국민이 정치에 직접 참여해 의사결정을 내리는 제도입니다. 대표를 뽑아서 정치를 맡기는 대의민주주의와는 다르지요. 고대 그리스 아테네와 같은 도시국가에서는 시민권을 가진 남성들이 모여 다수결에 따라 직접 정치에 참여했습니다. 하지만 현대 국가는 넓은 영토와 수많은 인구, 다양한 구성원, 정책 결정에 필요한 전문성 등을 고려해야 하므로 직접민주주의를 실현하기 어렵습니다.

직접민주주의를 이끄는 3가지 요소는 국민투표·국민발안·국민소환입니다. '국민투표'는 국가의 중요 정책을 국민의 의견에 따라 결정하는 것이고, '국민발안'은 국민이 직접 법안을 제안하는 것이며, '국민소환'은 문제가 있는 공직자를 임기가 끝나기 전에 파면하는 것입니다.

국민투표는 여러분이 아는 것처럼 대통령 선거(대선), 국회의원 선거(총선), 지방선거 등에서 국민이 직접 대표를 뽑는 제도입니다. 헌법을 고치거나 국가의 중요한 정책에 대해 국민의 뜻을 물을 때에도 국민투표를 합니다. 세계 각국에서 널리 채택하고 있는 제도이지요. 그런데 여기에도 문제가 있어요. 헌법은 국민투표로 바꿀 수 있지만, 대부분의 법안은 의회에서 만듭니다. 그렇다면 국민의 의견이 제대로 반영되지 못하겠죠? 법치주의 국가인데도 법과 국민의 거리가 너무 멀다는 문제가 있습니

스위스는 직접민주주의를 실천하는 나라다. 스위스에서는 1년에 한 번씩 주민들이 광장에 모여 거수 투표로 중대사를 결정한다. 이 제도를 란츠게마인데 Landsgemeinde라고 한다.

다. 이런 문제를 보완하기 위해, 국민이 직접 법률안이나 헌법개정안을 발의하도록 한 제도가 국민발안입니다.

국민소환은 뽑아놓은 대표에게 문제가 있을 경우, 임기와 상관없이 파면하는 제도입니다. 선거를 통해 대표를 뽑았는데, 그 대표가 국민의 뜻을 무시하고 자신의 이득만 추구한다고 생각해 보세요. 국민 입장에서는 발만 동동 구를 수밖에 없겠죠. 이럴 때 국민소환이 필요합니다. 게임을 할 때 힘센 캐릭터를 부르는 것도 소환한다고 하죠? 현실에서는 국민소환을 당한 정치인이 혼쭐나게 마련입니다. "기껏 뽑아놨더니 엉뚱한 짓을 해? 용서할 수 없다!" 하면서 임기 중일지라도 투표를 통해 쫓아낼 수 있는 제도지요. 단, 우리나라는 아직까지 국민투표를 제외하고 국민발안이나 국민소환 제도는 적용하지 않거나 부분적으로 실험하는 수준입니다.

대의민주주의

나랏일은 대통령에게 맡기고,
국민은 뒷짐만 지고 있어도 될까?

학교생활을 하다 보면 교과목 수업뿐만 아니라 다양한 일들이 벌어집니다. 수학여행을 어디로 갈지 논의하거나 축제를 준비해야 할 때가 있죠. 만약 전교생이 모든 일에 일일이 참여해야 한다면 복잡하고 시간이 많이 들겠지요? 그래서 우리는 학생회장과 반장을 뽑아서 학교의 중요한 일들을 맡깁니다.

국가도 마찬가집니다. 오늘날 우리 사회에서는 수많은 사람들이 나랏일에 직접 참여하기가 힘듭니다. 그래서 선거로 나라의 대표를 뽑아 나라의 운영을 맡기는데요, 이처럼 국민이 선거를 통해 간접적으로 정치에 참여하는 것을 '대의민주주의'라고 합니다. 여러분이 잘 아는 대통령이나 국회의원 등이 국민의 대표로 뽑힌 일꾼들입니다.

근대 이후 대부분의 민주국가에서는 국민의 대표를 뽑아 입법부를 만들고, 입법부가 국가 정책의 중요 사항을 결정하는 대의민주주의를 실시하고 있습니다. 대의민주주의는 국민이 대표를 뽑아 주권을 행사한다는 점에서 간접민주주의라고도 불립니다. 의회가 국가 정책을 결정하므로 의회민주주의라고도 하지요.

하지만 대의민주주의는 대표가 국민의 뜻을 왜곡할 수 있고, 선거 이외에는 국민이 정치에 참여하기 어려우며, 선거철이 아닌 평상시에는 국민이 정치에 무관심할 수 있다는 점이 문제가 됩니다. TV나 신문에서도 가장 인기 없는 분야가 정치잖아요? 이러한 문제를 해결하기 위해 현대 민주국가에서는 직접민주주의의 요소를 추

가한 혼합민주주의를 채택하기
도 합니다.

최근에는 전자민주주의가 주
목받고 있습니다. '전자민주주의'
는 인터넷을 통해 직접 정치에
참여하는 민주주의를 뜻합니다.
뉴미디어와 정보통신기술이 빠
르게 발전하면서 등장한 새로운
정치체제로, 대의민주주의의 한

대의민주주의를 실현하는 선거제도. 국민을 대표해 일할 사람을 뽑는다.

계를 보완하기 위해 등장했습니다. 전자민주주의는 여론 수렴, 선거 캠페인 및 홍보,
전자투표, 사이버 국회, 전자 공청회 등 다양한 형태로 점차 확대되고 있습니다.

여기서 잠깐! 대의민주주의에서 우리가 잊지 않아야 하는 것이 있어요. 선거를
통해 뽑은 대표가 국민의 뜻을 잘 대변하는지 관심을 갖고 지켜봐야 합니다. 그렇지
않으면 대표가 국민의 의사를 무시하고 제멋대로 행동하고 잘못된 정책을 만들 수도
있잖아요. 민주주의 국가에서 시민은 나라의 주인으로 정치에 참여할 의무가 있으
며, 나라의 대표가 제대로 일하는지 늘 촉각을 기울여야 합니다.

자유민주주의와
사회민주주의

자유와 평등, 무엇이 중요할까?

　민주주의 사회에서는 자유와 평등의 조화와 균형을 중시하고 있습니다. 하지만 사회적 상황이나 역사적 배경에 따라 우선하는 가치나 이념은 달라지죠. 이때 우선하는 가치가 자유인지, 평등인지에 따라 자유민주주의와 사회민주주의로 나누어 볼 수 있습니다.

　자유와 평등이 대립하거나 충돌할 때, 평등보다 자유를 우선시하는 민주주의를 '자유민주주의'라고 합니다. 역사적으로 신분제나 국가권력, 종교 세력 등에 의해 자유를 비롯한 개인의 권리가 부당하게 침해당하는 일이 많았죠. 많은 사람들이 이러한 문제점을 극복하기 위해 자유를 주장했습니다. 근대 시민혁명에서 가장 중요한 이념으로 자유를 추구하기도 했죠. 이러한 역사를 바탕으로, 오늘날 우리나라를 포함한 대부분의 국가들은 자유민주주의를 바탕으로 하고 있습니다.

　하지만 자유는 경쟁을 전제로 하고, 이러한 경쟁은 차별적인 결과를 가져올 수밖에 없다는 문제가 있습니다. 예를 들어 일주일 내내 굶은 열 명의 사람이 단 한 개의 주먹밥을 놓고 누가 먹을 것인지 경쟁한다고 가정해 봅시다. 힘이 센 한 명만 주먹밥을 먹고 나머지 사람들은 먹지 못하겠죠? 수능 시험을 떠올려보면 이해하기 쉬울 것입니다. 모두가 대학 진학을 목표로 경쟁하지만 결과는 차별적일 수밖에 없지요.

　역사적으로는 자본주의가 발달할 때 빈부격차가 심해졌습니다. 산업혁명 당시 자본가들은 막대한 부를 이루었지만, 노동자들은 적은 임금을 받으면서 생계를 유지

우리나라는 헌법상 자유민주주의를 수호하고 있다.

하기에 급급했습니다. 이로 인해 심각한 빈부격차와 환경오염 등의 문제가 발생하자, 사회 정의와 국민복지에 대한 관심이 높아졌습니다. 이처럼 개인의 자유보다는 사회적 평등을 우선하는 것이 '사회민주주의'입니다. 사회민주주의는 유럽을 중심으로 세계 여러 나라에 영향을 미치게 되었습니다.

　민주주의는 다양한 모습으로 발전해 왔고, 여전히 그 영역을 넓혀가는 중입니다. 그래서 민주주의는 살아 있는 생활 방식이자 가치라고 불립니다.

우리 지역에 이런 시설은 안 돼!
_ 님비현상

"서울시는 공영차고지 개발로 인접 도시에 피해를 주는 행정을 멈춰야 한다."

2021년 3월 서울시가 경기도 고양시와 인접한 은평 공영차고지 개발 계획을 발표하자, 고양시가 반대에 나섰다. 이처럼 공공성과 필요성은 인식하지만 자신의 지역에는 이롭지 않은 일에 반대하는 행동을 '님비현상'이라고 부른다. 님비현상은 '우리 집 뒷마당은 안 된다Not In My Back Yard'는 영어 문장에서 비롯됐다.

님비현상은 보통 자신이 사는 지역에 혐오시설이 들어오는 것을 반대하는 경우를 일컫지만, 그 개념을 확대해 보면 다른 지역에 혐오시설을 떠넘기는 경우까지 포함할 수 있다. 앞서 예시로 든 서울시와 고양시의 경우에도 다소 사정이 복잡하다. 고양시는 지난 40여 년간 서울시의 기피시설을 여럿 수용해 왔기 때문이다. 실제로 서울시립승화원 등 서울시의 장례시설 3곳이 고양시에 있고, 서울시와 고양시의 경계지역인 현천동에는 서울시 하수·분뇨 처리시설인 난지물재생센터가 있다.

이러한 님비현상을 해결하려면 자기 지역의 입장만을 고려하는 것이 아닌, 인접 도시와 상생하는 방법을 깊이 고민하고 대안을 모색해야 한다. 정부에서 혐오시설이 들어서는 지역을 지원하거나, 지역 주민들이 투표를 통해 민주적으로 해결을 도모할 수 있다.

실제로 님비현상을 원
만하게 해결한 사례도 있
다. 2021년 6월 문을 연
화성 함백산 추모공원은
경기도 화성·안산·광명·
시흥·안양·부천 등 6개 지
자체가 함께 만든 것으로,
주민들이 양보와 배려로

고압 송전탑이 늘어선 모습. 지역 주민들이 기피하는 시설은 송전탑, 쓰레기 소각장, 공동묘지, 방사능 폐기장 등이다.

상생하는 방안을 찾아낸 모범 사례로 거론된다. 건립에 참여한 지자체들은 인구 비율에 따라 시설 조성 비용을 댔다. 해당 시 주민들에게는 시설 이용 요금을 할인해주고, 인근 마을 주민에게는 식당·매점 등의 운영을 맡기는 등 참여를 유도했다. 추모공원 운영 수익과 혜택은 지자체와 그 지역 주민들이 함께 나누어 갖기로 협의했다. 현재 함백산 추모공원은 시민들에게 좋은 반응을 얻고 있다.

많은 사람들이 모여 사는 사회에서는 갈등과 다툼이 발생하기 마련이고, 님비현상과 같은 문제도 불가피하게 발생할 수밖에 없다. 하지만 대화와 타협을 통해 님비현상을 잘 해결하면 오히려 지방자치를 발전시키는 기회가 될 것이다.

사회적 약자의 차별을
법으로 막을 수 있을까?
_차별금지법

신체적 또는 문화적 특징 때문에 사회의 다른 구성원들로부터 차별받는다고 인식하는 개인이나 집단을 '사회적 소수자'라 한다. 사회적 소수자는 상대적인 개념으로 시대, 장소, 소속 집단에 따라 달라진다. 예를 들어 우리나라 사람이 해외로 이민을 갈 경우, 그 나라에서는 사회적 소수자가 될 수 있다.

단순히 수가 적다고 사회적 소수자는 아니다. 숫자는 적어도 다수를 압도할 힘을 가지고 있다면 소수자라고 할 수 없고, 그 수가 많더라도 주류 집단의 차별을 받는다면 소수자다. 여성은 세상의 절반 가량이지만 남성에 비해 차별받고 있기 때문에 소수자에 해당한다. 조직 내에서 여성의 고위직 승진을 막는 현상을 나타낸 '유리천장 Glass Ceiling'이라는 말이 이러한 상황을 잘 나타낸다.

차이와 차별은 다르다. '차이'란 서로 같지 아니하고 다름을 의미하지만, '차별'은 비교해서 가치에 차이를 매긴다는 뜻이다. 차이가 있는 그대로의 모습을 표현하는 반면, 차별은 좋고 싫음이나 나음과 못함이라는 가치 판단이 담겨 있다.

차이는 인정하되 차별하지 않는 사회를 만들기 위해 대두된 법안으로 차별금지법이 있다. '차별금지법'은 합리적인 이유 없이 성별·장애·병력·나이·성적 지향·출신 국가·출신 민족·인종·피부색·언어 등을 이유로 교육이나 취업, 직업훈련, 임금

책정 등에서 차별하지 않는 것을 기본으로 하고 있다. 여러 국가와 국제단체에서도 각기 다른 차별금지법을 채택하고 있다.

2021년 미국 뉴욕에서 열린 아시아 혐오 반대 집회. 코로나19 확산 이후 아시아계 미국인에 대한 인종차별이 증가하자 혐오를 멈추라는 운동이 일어났다.

차별금지법이 정치권에서 처음 주목받은 때는 1997년으로, 당시 새정치국민회의의 김대중 총재가 차별금지법을 제정하겠다고 주장했다. 하지만 차별금지법은 우리나라에서 2007년, 2010년, 2012년 등 3차례에 걸쳐 입법을 시도했으나 모두 무산되었다. 차별금지법 심사는 2024년 5월로 연기된 상태다.

차별금지법의 찬성자들은 사회적 약자가 차별받지 않기 위한 법안이 필요하다고 주장한다. 불합리한 차별이 고의적·지속적으로 반복될 경우 손해배상을 청구하고, 국가기관이 시정명령을 내림으로써 차별을 해소할 수 있다는 것이다. 반면, 종교계·기업계에서는 차별금지법이 제정되면 사회적 혼란과 갈등이 발생할 수 있다고 예상하고 있다.

사회가 복잡해지고 인권에 대한 국민의 인식이 높아지면서 차별과 혐오를 경계하는 목소리가 커지고 있다. 차별 대신 차이를 인정할 때, 사회 구성원들의 존엄과 가치를 지킬 수 있다.

2장

국가형성

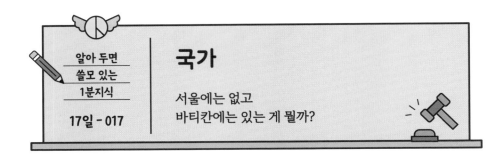

국가

서울에는 없고
바티칸에는 있는 게 뭘까?

우리나라에서 월드컵이 열렸다는 사실, 알고 있나요? 2002년 한일월드컵 때는 길거리 응원이 정말 대단했답니다. 수많은 사람들이 빨간색 티셔츠를 입고 길거리에서 우리나라를 응원했습니다. 2020년 도쿄올림픽에서도 205개의 국가가 참가했는데요. 전 세계 사람들이 자기 나라 국기를 흔들며 열정적으로 응원했죠. 우리는 보통 국가가 어려움에 처했을 때, 국가 간의 분쟁이 있을 때, 또는 국제적인 스포츠 행사를 치를 때 국가의 존재를 깊이 느낍니다. 과연 국가가 뭐길래 이렇게 사람들을 하나로 똘똘 뭉치게 하는 걸까요?

바티칸이라 불리는 나라는 세계에서 작은 도시국가로, 이탈리아의 로마 시내에 위치하고 있습니다. 인구는 1,000명도 안 되고, 영토는 경복궁에 비해 약 1.3배 크답니다. 그런데 바티칸보다 영토도 넓고 인구도 훨씬 많은 서울시는 국가가 아니죠. 서울에는 없고 바티칸에는 있는 게 뭘까요?

넓은 땅이 있고, 그 땅에 사는 사람들이 있다고 해서 전부 국가인 것은 아닙니다. 국가가 되려면 주권이 있어야 합니다. '주권'은 국가의 뜻을 최종적으로 결정하는 힘입니다. 외국의 간섭이나 침략을 받지 않고 자신의 나라와 관련된 중요한 일들을 국민 스스로 결정할 수 있는 권리이고, 국가 밖에서는 나라의 독립을 주장하는 권리를 뜻합니다. 일제 치하 36년 동안 외국에서 우리나라를 국가로 인정하지 않았던 것도 우리에게 주권이 없었기 때문입니다.

세계 국기

국가를 이루려면 주권을 가진 사람들이 일정하게 모여 살 수 있는 '영토'가 있어야 합니다. 영토 없는 국가는 구성원을 보호해 줄 수 없으니까요. 우리나라의 영토는 한반도와 이에 딸린 여러 섬으로 이루어져 있습니다. 이러한 영토에 모여 살면서 주권을 행사하는 국가의 주인이 '국민'입니다. 국민도 국가를 이루기 위해 반드시 갖춰야 할 세 가지 요소 중 하나입니다.

앞서 설명한 주권·영토·국민, 이 세 단어를 써서 국가가 무엇인지 정의해 볼까요? '국가'는 일정한 영토가 있고, 그 영토에 살고 있는 국민이 최고의 통치 권력인 주권을 행사하는 공동체라고 정의할 수 있습니다. 한 국가가 이루어지기 위해 꼭 필요한 세 가지 요소는 주권·영토·국민입니다. 이 중 어느 하나라도 없으면 국가라고 볼 수 없습니다. 물고기가 물의 소중함을 느낄 수 없다고 하더라도, 물 없이 살 수는 없습니다. 마찬가지로 국가는 우리의 삶에 없어서는 안 되는 필수 기반이며, 소중히 여겨야 할 대상입니다.

국가의 기원

국가를 만든 건
인간의 본성일까, 계약일까?

인간은 탄생과 함께 한 국가의 구성원으로 살아갑니다. 사람들은 왜 국가를 만들었을까요? 국가가 없다면 세금을 내지 않아도 되고, 국방의 의무를 지지 않아도 되고, 더 자유로웠을 텐데요. 왜 사람들이 국가를 이뤄 살게 되었는지 알아볼게요.

고대 그리스의 철학자 아리스토텔레스는 인간이 국가를 이루어 살아가는 이유가 본성 때문이라고 보았습니다. 그에 따르면, 인간이란 혼자서는 살 수 없고 다른 사람들과 함께 살아갈 때 행복할 수 있습니다. 이러한 본성으로 가정을 이루고 사회를 구성하면서 국가를 만들었다는 것입니다. 인간은 한 국가의 국민으로 연결되어 있다는 유대감을 누리며 살아갑니다.

국가는 사람 간의 계약으로 만들어졌다고 보는 견해도 있습니다. 인간이 국가를 만들기 이전의 상태를 '자연상태'라고 합니다. 자연상태에서 인간에게는 무한한 자유가 있지만, 배가 고프면 음식을 빼앗기 위해 다른 사람을 공격할 자유도 있습니다. 이처럼 불안정하고 위험한 상황을 극복하기 위해, 사람들은 자신이 가진 자유나 권리의 일부 혹은 전부를 양도하기로 합의하면서 국가를 만들었다는 것입니다. 사람들 사이에서 벌어지는 갈등과 대립을 해결해 주길 기대하면서 말이죠.

가족이 확대되어 국가를 이룬다고 보는 견해도 있습니다. 국가國家 중 '가家'라는 글자의 의미에서 알 수 있듯이, 국가를 하나의 거대한 가족으로 보는 것입니다. 가정에서 어버이가 따뜻한 사랑으로 자식을 돌보듯이, 국가의 군주는 백성을 아끼고 돌봐야 하는 것입니다. 나아가 백성을 국가의 근본으로 여기고 백성을 위한 정치를 해야 한다고 보았습니다.

국가의 기원에 대한 입장은 이처럼 다양하지만, 개인의 삶을 국가 공동체와 관련지어 이해한다는

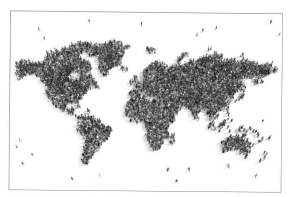

수많은 사람들이 모여 국가를 이룬 모습을 묘사한 그림

점은 같습니다. 국가 공동체가 갖는 몇 가지 특징을 살펴보면, 국가가 우리에게 어떤 영향을 끼치는지 알 수 있습니다.

국가 공동체의 첫 번째 특징은 태어나면서 자신의 의사와 상관없이 저절로 가입되며, 탈퇴가 까다롭다는 것입니다. 다른 사회 집단은 우리가 자발적으로 선택해서 가입하지만, 국가는 그렇지 않습니다. 이에 따라 우리는 국가에 대한 권리와 의무도 부여받습니다. 두 번째 특징은 강제력을 행사한다는 것입니다. 세금 징수, 범죄 처벌, 국방의 의무 등은 국가를 유지하기 위해 꼭 필요하기 때문에, 우리는 따로 동의하지 않았지만 따를 수밖에 없습니다. 세 번째 특징은 실제적인 기능을 수행한다는 것입니다. 예를 들어 국가는 다양한 갈등을 조정하고 질서와 치안을 유지해 나라 안팎의 위험으로부터 국민을 보호합니다. 나아가 국민이 인간다운 삶을 살 수 있도록 다양한 복지정책을 실시하기도 합니다.

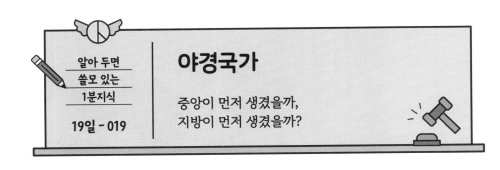

야경국가

중앙이 먼저 생겼을까,
지방이 먼저 생겼을까?

"닭이 먼저 생겼을까, 달걀이 먼저 생겼을까?"

혹시 여러분도 닭과 달걀에 대해 토론해 본 적이 있나요? 생명이 어떻게 시작되었는지에 대한 논쟁은 여전히 의견이 분분합니다. 그렇다면 질문을 바꿔볼게요. 중앙이 먼저 생겼을까요, 지방이 먼저 생겼을까요? 이에 대한 답은 명확합니다. 중앙과 지방 중에서는 두말할 것도 없이 지방이 먼저입니다. 역사적으로도 그렇고 논리적으로도 그렇지요. 역사적으로 보면 지방이 여러 개 모여 있다가 가까운 지방끼리 큰 지방을 만들고, 큰 지방들이 모여 하나의 중앙을 이룬 것입니다.

중세 봉건시대는 지방이 먼저였습니다. 사실 중세에는 중앙이 아예 없고 지방만 있었습니다. 지방에서 대표격이거나 규모가 큰 곳이 중앙의 역할을 겸했던 것에 불과합니다. 예를 들어 중세시대에 독일은 수백 개의 지방 공국들이 연합한 나라에 불과했고, 제대로 된 국가라고 부르기 어려웠습니다.

중앙이 중요해진 것은 근대로 들어오면서부터였습니다. 유럽에서 십자군 전쟁으로 힘 있는 지방 영주들이 몰락하자, 왕은 권력을 강화하기 위해 상비군(전시와 평시의 구분 없이 항상 왕을 보호하는 군대)을 운영했습니다. 그리고 상비군을 유지하기 위해 전국에서 세금을 걷었습니다. 여기서 세금을 걷기 위한 전국적인 조직, 즉 중앙으로 권력이 모이는 중앙집권적인 국가가 탄생한 것입니다.

야경국가는 치안 유지, 재산권 보호 등 최소한의 역할만 담당하는 나라를 뜻한다.

　　근대국가는 처음에는 도둑을 잡는 일과 외국과 전쟁하는 일 등 최소한의 역할만 하는 '야경국가'에 머물러 있었습니다. '야경'이란 국가가 국민의 치안과 재산권 보호를 위해 야간에 제공하는 공공 서비스를 뜻합니다. 야경국가는 이러한 공공 서비스를 제공하는 데 필요한 최소한의 세금만 걷어 운영하는 국가였습니다. 야경국가에서는 국가가 경제정책을 세우고 사회복지를 위해 노력하는 것은 꿈도 꿀 수 없었죠. 그런 일을 위해 국가가 만들어진 것은 아니었으니까요. 당시 국가의 역할은 강했지만 작았고, 하는 일도 많지 않았습니다.

지방자치

왜 지방자치를
풀뿌리민주주의라고 부를까?

20세기에 접어들면서 국가가 다뤄야 할 일들이 많아졌습니다. 특히 사회적 약자에 대한 복지정책이 요구되면서 이전의 야경국가를 넘어서 점점 더 많은 일을 해야만 하는 현대 복지국가로 발전했습니다. 시민의 생활과 관련된 일이면 뭐든지 하는 것이 현대 복지국가입니다. 그만큼 현대에 접어들어서는 국가의 규모도 커지게 되었습니다.

이렇게 중앙이 커지자 지방은 점차 그 역할이 줄어들게 되었습니다. 그런데 여기서 심각한 문제가 발생합니다. 사실 시민들은 중앙에서 일상생활을 하지 않습니다. 대부분의 일상생활은 지방에서 이루어집니다. 서울 시민도 서울이라는 '중앙'에서 생활하는 것이 아니라 서울시라는 '지방'에서 생활하는 것입니다. 일상생활에서는 청와대에 갈 일도 없고 국회에 갈 일도 없습니다. 그런데 중앙이 커질수록 지방이 위축되어 시민들의 일상적인 생활과 정부기관 사이에 큰 간극이 생기게 되었습니다.

시민들은 "내가 내는 세금으로 국가를 유지하는데 왜 내 삶에는 직접 도움이 안 되지?"라는 문제를 제기하게 됐습니다. 그리고 지방이 중앙의 부속물이 아니라 오히려 중심이고, 중앙은 지방이 맡긴 일을 대신하는 것에 불과하다고 생각하게 되었습니다. 이것이 현대에 들어와서 다시 지방자치가 중요해진 배경입니다.

지방자치는 민주주의의 기초, 풀뿌리민주주의라고 합니다. '풀뿌리민주주의'는 평범한 시민이 주도해 지역 공동체와 일상생활을 바꾸는 참여민주주의의 한 형태입니다. 지방자치를 통해 실질적인 민주주의가 구현된다는 것이지요. 지방자치가 발전하지 않으면 국가 차원의 민주주의도 발전하기 어렵습니다.

풀뿌리민주주의는 민중이 적극적으로 정치에 참여하는 참여민주주의를 뜻한다. 정치 기반(땅)에 민중(잡초)이 깊이 뿌리내렸을 때, 민주주의가 톱니바퀴처럼 원활히 작동할 수 있다.

지방자치는 '민주주의의 학교'라고도 합니다. 권력이 일부 사회지도층에 집중되지 않도록, 국민이 민주적 정치과정에 직접 참여하고 훈련받는 학교와 같다는 의미입니다. 지방자치단체에서 다루는 문제들은 우리의 생활과 직결된 것들이 많기 때문에 그만큼 참여 의욕도 높아집니다.

지방자치가 발전하기 위해서는 지방의 권한과 책임을 보다 확대해야 합니다. 재정 자립이 가능하도록 중앙정부의 지원도 더 있어야 하겠지요. 무엇보다도 우리 모두가 마을이나 지역에 있는 자치단체의 활동에 관심을 갖고 적극적으로 참여하는 것이 중요합니다.

지방자치단체

지역 주민들이 선출한 대표들은
어떤 일을 할까?

우리나라 각 지역의 일들을 서울에 있는 국회나 정부에서 모두 결정한다고 가정해 보겠습니다. 과연 어떻게 될까요? 중앙에서는 각 지역의 사정을 잘 알지 못하기 때문에 엉뚱한 결정을 내릴 수도 있습니다. 이미 공원이 많은 동네에 공원을 늘리는 실수를 하거나, 어린이가 줄어드는 지역에 초등학교를 자꾸 지을 수도 있습니다.

자기 지역의 사정을 가장 잘 아는 것은 그 지역의 주민들입니다. 지역에서 중요한 일은 그곳에 사는 주민들이 직접 처리하는 것이 가장 만족도가 높겠지요. 다만, 아무리 조그만 곳이라도 지역 주민 모두가 나서서 지역의 일을 결정하고 처리하기는 어렵습니다. 그래서 지역의 대표를 뽑아 일을 맡깁니다. 지역의 대표를 뽑는 선거를 '지방선거'라고 합니다. 지방선거에서는 시장·군수·도지사·시의원·군의원·도의원 등을 뽑습니다.

우리나라에는 나라의 중요한 일을 의논하고 결정하는 국회, 나랏일을 맡아 하는 대통령과 정부가 있습니다. 마찬가지로 우리 지역에도 중요한 일을 의논하고 결정하는 지방의회와 지역의 살림을 맡아 하는 지방자치단체장이 있습니다. '지방의회'는 의사결정을 하는 의결기관이고, '지방자치단체장'은 지방의회에서 결정된 사항을 실행하는 집행기관입니다. 도의 지방의회는 도의회, 지방자치단체장은 도지사입니다. 시의 지방의회는 시의회, 지방자치단체장은 시장이고, 구의 지방의회는 구의회, 지방자치단체장은 구청장입니다. 마지막으로 군의 지방의회는 군의회, 지방자치단체장은 군수입니다.

'지방자치'는 지역 주민이 스스로 선출한 지방의회의원과 지방자치단체장들이 그 지방의 일을 처리하게 하는 제도를 말합니다. 우리나라의 지방자치단체는 광역자치단체와 기초자치단체로 나뉘어 있습니다. '광역자치'는 넓은 지역을 스스로 다스린다는 뜻입니다. 광역이란 말

우리나라 최초의 지방선거는 1952년 4월 25일 시행됐다.
ⓒ국가기록원

이 붙어서 자칫 인천·대전·대구·광주·울산·부산광역시만을 떠올릴 수 있지만 이와 더불어 서울특별시·제주특별자치도·세종특별자치시·경기도·강원도·충청도·전라도·경상도 등을 포함해 광역자치단체라고 부릅니다.

광역자치단체는 기초자치단체를 포함하고 있습니다. 기초자치는 광역자치에 비해 좁은 지역을 다스린다는 뜻이 있습니다. 기초자치단체에는 시·군·구 등이 있습니다. 경기도 수원시, 강원도 양구군, 대구광역시 달성군, 서울특별시 강동구 등입니다. 하지만 기초자치단체인 시에 속한 구는 자치단체가 아닙니다. 우리가 알고 있는 일산시·수원시·안산시 등에 속해 있는 구는 해당 시의 행정상 구역일 뿐, 기초자치단체가 아니라는 것을 주의해야 합니다.

대통령제

대통령은 왜 국회가 아니라
국민에 대해서만 책임질까?

퀴즈를 하나 낼게요. 다음 문장이 맞으면 'O', 틀리면 'X'라고 답해주세요.

"민주주의 국가인 미국과 영국에서 정부의 수장은 대통령과 여왕이다."

맞는 것처럼 보이지만 이 문장에는 틀린 부분이 있습니다. 미국 정부의 수장은 대통령이지만, 영국 정부의 수장은 여왕이 아닌 총리입니다. 물론 미국의 대통령이나 영국의 여왕이나 각 나라를 대표하는 사람임은 틀림없지만, 그 역할에는 분명한 차이가 있습니다. 민주주의의 정부 유형에 대한 이야기에서 그 답을 찾아봅시다.

대통령제는 현재 우리나라에서 채택하고 있는 정치제도이기 때문에 우리에게는 아주 익숙하죠. 국민이 행정권을 통솔하는 대통령과 입법권을 가진 국회의원을 선출하고, 두 권력이 상호 견제와 균형, 협조를 이루어 국정을 운영하는 시스템입니다. 대통령제는 선거를 두 번 치르는데요, 한 번은 국회의원을 뽑아 의회(국회)를 구성하는 선거이고, 다른 한 번은 행정부의 수반인 대통령을 뽑는 선거입니다.

이렇게 뽑힌 대통령은 행정부의 장(장관)을 통해서 행정부를 관할합니다. 행정부는 국민이 선출한 대통령과 대통령이 직접 임명한 국무총리 및 장관 등의 고위 공직자, 그리고 시험을 통해 선발된 공무원으로 구성됩니다. 이때 대통령을 비롯한 행정부는 의회가 아니라 국민에 대해 정치적 책임을 집니다. 국민이 뽑은 대통령, 대통령이 임명하고 선발한 행정부 구성원이기 때문에, 국민의 의사를 정책에 반영할 의무를 지는 것입니다. 이는 곧 의회가 행정부를 불신임해 공직에서 물러나게 할 수 없고, 반대로 행정부가 의회를 해산할 수 있는 권리도 없음을 의미합니다.

대통령제에서 행정부의 수반을 뽑는 주체는 의회가 아니라 국민이므로, 대통령은 오로지 국민에 대해서만 책임지고, 그 임기도 예외적인 경우를 제외하고는 보장

미국의 제46대 대통령 조 바이든 Joe Biden

됩니다. 우리나라 헌법에서도 대통령의 임기를 5년으로 보장하고 있습니다. 임기 동안 정책의 연속성이 보장되는 대신 독재의 우려가 있다고 볼 수 있죠.

대통령제에서 의회는 공무원의 위법 행위를 처벌하거나 파면할 수 있는 탄핵소추권을, 대통령은 법률안거부권을 보유해 견제와 균형을 이룹니다. 그래서 대통령제는 기본적으로 권력분립의 성격을 가집니다.

의원내각제

영국, 독일, 일본은 왜
총리가 나라를 대표할까?

뉴스에서 우리나라 대통령, 미국 대통령, 러시아 대통령 이야기를 하는 것을 들어 본 적이 있나요? 그렇다면 일본 대통령, 독일 대통령, 영국 대통령은요? 아마 들어본 적이 없을 겁니다. 이들 나라는 대통령이 아닌 총리가 나라를 대표하기 때문입니다.

영국·독일·일본 등은 우리나라처럼 대통령제를 채택하는 대신 의원내각제를 바탕으로 나라를 운영하고 있습니다. '의원내각제'는 말 그대로 국회의원들이 내각, 즉 행정부를 구성하는 정부형태를 뜻합니다. 행정부의 수장인 총리와 내각을 구성하는 장관을 국민의 투표가 아닌 의회에서 선출합니다. 보통 의회 제1당의 대표가 총리직을 수행하며, 의원들이 장관직을 겸합니다.

의원내각제는 대통령제와 달리 국민이 선거(총선)를 한 번 치르는데요, 선거를 통해 구성한 의회에서 내각(행정부)을 만들고, 그 내각은 의회에 대해 책임지는 정치를 합니다. 행정부와 의회가 엄격하게 분리되어 있는 대통령제와는 다르지요.

의원내각제에서 행정부를 구성하는 방식은 두 가지로 나누어 볼 수 있습니다. 선거를 하면 국민의 표를 많이 받은 다수당이 있을 것입니다. 선거에서 다수당이 과반수를 넘긴 경우, 그 정당이 행정부를 구성합니다. 반면, 다수당이 과반수를 넘기지 못한 경우에는 여러 정당이 함께 손을 잡는 연립정권 형태로 행정부를 구성합니다.

의원내각제에서도 권력기관들은 견제와 균형을 이룹니다. 만약 내각이 정치를 제대로 하지 못한다면, 의회는 내각 불신임투표를 거쳐 내각에 정치를 잘못한 책임

독일 베를린의 의회 건물

을 물을 수 있습니다. 내각을 총사퇴시키고 새로운 내각을 만들 수 있는 것이죠. 따라서 내각은 정치적 책임과 국민의 요구에 민감하게 반응할 수밖에 없습니다.

　반대로 행정부인 내각은 의회해산권을 통해 입법부인 의회를 견제할 수 있습니다. '의회해산권'은 기존의 의회를 무너뜨리고 총선거를 실시해 새로운 의회를 구성할 수 있는 권리입니다. 의회의 임기는 법률로 정해져 있지만, 내각이 의회를 해산하자고 주장할 경우 임기를 다 채우지 못하고 물러나야 하죠. 그래서 의원내각제를 채택한 국가에서는 임기와 무관하게 갑자기 총선을 치르는 경우도 있습니다. 우리나라처럼 '국회의원 선거는 4년에 한 번'이라고 정해놓은 것이 아니라, 의회가 해산될 때마다 의원을 뽑는 것입니다.

이원정부제

프랑스는 왜 대통령과 총리가
최고 권력을 나눠 가질까?

오늘날 많은 국가가 대통령제와 의원내각제를 채택하고 있습니다. 다만 전형적인 대통령제와 의원내각제를 운영하는 나라는 드물고, 각 나라마다 역사적 전통과 정치적 상황에 맞게 변형된 정부형태를 취하고 있습니다. 대표적인 나라가 바로 프랑스입니다. 국제정치를 다룬 뉴스를 보면 독특한 점이 눈에 띄는데요, 영국이나 미국은 총리나 대통령 한 사람이 집중적으로 부각되는 반면, 프랑스 이야기가 나오면 늘 총리와 대통령이 함께 거론된다는 점입니다.

프랑스는 최고 권력을 행사하는 사람이 대통령과 총리, 두 명입니다. 프랑스의 국가원수는 대통령이지만, 실질적인 권력은 대통령과 총리가 나누어 가지고 있습니다. 이러한 정치형태를 '이원정부제(이원집정부제)'라고 합니다. 이원정부제는 대통령제에 가까운 형태도 있고 의원내각제에 가까운 형태도 있습니다.

프랑스는 준대통령제 또는 의회주의적 대통령제라고 불리는 이원정부제로, 대통령이 소속된 정당이 다수당일 때는 순수한 대통령제 국가의 대통령보다 강력한 권한을 행사합니다. 국민이 뽑은 대통령에게 총리 임명권, 국회해산권, 비상사태 대처권을 부여하면서, 의회에는 대통령에 대한 불신임권을 주지 않아 대통령의 권한이 막강합니다. 다만, 의회는 총리 불신임권을 통해 총리가 사임하도록 할 수 있어 나름대로 견제와 균형을 추구하고 있죠.

한편, 대통령이 소속된 정당이 소수당일 경우 다수당 출신의 총리를 임명해야 하

프랑스의 좌우동거정부였던 리오넬 조스팽 총리(좌) 자크 시라크 대통령(우)

는데요, 이를 '좌우동거정부'라고 합니다. 즉, 좌파와 우파가 대통령과 총리를 나누어 맡아 국정을 함께 수행하는 정부를 가리킵니다. 좌우동거정부가 들어서면 대통령의 권한은 국방과 외교에 한정되고, 총리가 경제를 비롯한 나머지 모든 권한을 갖습니다. 이 경우 대통령과 총리가 대립해 정치가 불안정해질 수도 있습니다. 우파 출신 자크 시라크Jacques Chirac 대통령과 좌파 출신 리오넬 조스팽Lionel Jospin 총리가 권력을 나누어 가졌던 것이 대표적인 사례입니다.

우리나라는 군부 독재 정권을 겪으면서 대통령의 권한이 지나치게 커졌습니다. 직선제가 정착되고, 민주주의가 발전하고, 의원내각제적 요소가 많음에도 불구하고 여전히 대통령에게 권한이 집중되었다는 비판을 받습니다. 그 결과, 헌법을 바꾸자는 이야기까지 나오고 있지요. 여기서 대안으로 논의되는 것이 바로 의원내각제와 이원정부제입니다.

입헌군주제와 전제군주제

21세기에도 왕이 통치하는
나라가 있다?

혹시 우리나라가 입헌군주제라는 설정을 바탕으로 한 드라마를 본 적이 있나요? 우리나라에 황실이 있다고 가정한 드라마는 〈황후의 품격〉, 〈더킹 투 하츠〉, 〈궁〉 등이 있습니다. 그렇다면 대체 입헌군주제가 정확히 뭘까요?

우선 입헌군주국이 뭔지 알아야 할 것 같습니다. 요즘 같은 시대에 아직도 왕이 있는 나라가 있냐고 물어보는 친구들도 있을 텐데요. 왕이 있는 나라는 꽤 많습니다. 모든 국가의 왕이 강력한 권력을 가진 것은 아닙니다. 국왕이 실제 권력을 갖고 직접 통치를 하는지에 따라서 전제군주제(절대군주제)와 입헌군주제로 나눌 수 있습니다. 헌법을 통해 왕의 권력을 제한하는 나라들을 입헌군주제 국가라고 합니다.

입헌군주제에서 왕은 국가를 통치하지 않고, 일종의 명예직을 수행합니다. 입헌군주제를 택하고 있는 대표적인 나라가 영국입니다. 영국은 엘리자베스 2세Elizabeth II 여왕이 1952년 즉위해 현재까지 재임 중인데요, 왕의 지위는 인정받지만 실제 정치는 영국 의회와 내각이 맡고 있습니다. 국가를 통치하는 것은 선거로 뽑힌 대표가 하지만, 국가원수의 역할은 여왕이 맡습니다. 이처럼 왕이 있지만 통치를 하지 않는 정치체제를 '입헌군주제'라고 합니다.

이 외에 입헌군주제 나라를 살펴보면 유럽에서는 네덜란드·노르웨이·덴마크·룩셈부르크·모나코·벨기에·스웨덴·스페인이 있습니다. 아시아에서는 말레이시아·부탄·일본·캄보디아·태국이 있고요. 아프리카에서는 레소토, 오세아니아에서는 사모

영국의 여왕 엘리자베스 2세

아가 있습니다.

한편, 아직도 왕이 모든 권력을 행사하는 전제군주제를 택한 나라도 있습니다. '전제군주제'는 한 사람이 자기 마음대로 나라를 운영할 수 있는 정치체제입니다. 프랑스 역사상 가장 유명한 전제군주로 꼽히는 루이 14세Louis XIV가 했던 "짐이 곧 국가다"라는 말이 이를 잘 설명하고 있죠. 중동 지역의 사우디아라비아·쿠웨이트·오만 등의 나라는 왕이 모든 정치권력을 가지고 있는 전제군주제 국가입니다. 북한의 정식 명칭은 '조선민주주의인민공화국'이지만, 김씨 일가가 3대째 독재 권력을 휘두르고 있으므로 전제군주국에 훨씬 더 가깝습니다.

세계에서 가장 작은 주권국가인 바티칸도 엄밀히 말하면 전제군주국이라 할 수 있습니다. 가톨릭 종교의 수장이자 국가원수인 교황이 교황청에 대한 입법·사법·행정 등을 총괄하는 권한을 가지고 있기 때문이죠.

왕권신수설

옛날 왕들은 왜 신의 선택을
받았다고 주장했을까?

옛날에는 왕이나 황제, 교황이 권력을 가졌습니다. 그런데 국민 입장에서는 '저 사람은 나보다 힘이 세지도 않고 머리도 좋지 않은데, 왜 왕 노릇을 하는 거야?'라고 의문을 가질 수가 있지요. 과거의 왕들은 이러한 의문에 어떻게든 설득력 있는 대답을 해야 했습니다.

왕의 권한은 신으로부터 받은 것이라는 주장이 '왕권신수설'입니다. 이 이론은 "내가 왕이 된 것은 내가 노력해서도 아니고 머리가 좋아서도 아니다. 어느 날 신께서 내게 왕이 되라고 했기 때문이다. 따라서 나에게 도전하는 것은 곧 나를 왕으로 만들어 준 신에게 도전하는 것이다"라는 주장입니다. 우주 만물과 인간의 존재 이유를 신으로부터 찾았던 시대에 신에게 왕위를 내려받았다고 주장한다면, 신을 믿는 사람들에게 더 이상 다른 설명을 할 필요가 없었던 것이지요. 그래서 유럽의 왕들은 대관식을 할 때, 교회의 수장으로부터 왕관을 받는 상징적인 행사를 치렀습니다.

왕권신수설은 나중에 '양검론兩劍論'의 형태로 발전합니다. 신이 권력을 부여할 때 육신의 권력은 왕에게 주었고, 영혼의 권력은 교황에게 주었다는 주장이죠. 신이 두 개의 칼 중 하나는 왕에게, 하나는 교황에게 주었으니 양검론이 되는 것입니다. 중세시대는 신을 빼놓고는 이야기할 수 없는 시기입니다. 양검론을 바탕으로 교황은 신을 대리해 왕의 정치적 권위를 인정해 주었고, 왕 역시 교황의 종교적 권위를 등에 업고 통치의 정당성을 주장할 수 있었습니다. 이처럼 양검론은 현실적으로 존재하는

왕권신수설을 주장한 프랑스의 왕 루이 14세

두 개의 가장 강력한 권력, 즉 교황권과 황제권을 모두 아우르는 이론이어서 어떤 이념보다도 강력하게 인간 사회를 지배했습니다. 육체와 정신 모두를 지배하는 이론이었기 때문입니다. 이처럼 강력했던 왕권신수설은 근대에 접어들어 봉건제와 함께 무너져 내리기 시작합니다.

홉스의 사회계약설

인간은 왜 자연상태의 권리를
통치자에게 넘겨야만 할까?

17~18세기는 사람들의 세계관이 크게 바뀐 시대입니다. 그전까지는 지구를 중심으로 태양을 비롯한 행성들이 돌고 있다고 생각했지만, 이때부터는 지구도 태양을 중심으로 도는 행성 중의 하나라고 인식하게 되었습니다. 만난 적도 없고, 본 적도 없는 신이 언제까지 무능하고 부패한 왕권을 뒷받침해 줄 수 없게 된 시대이기도 했습니다. 그래서 왕권신수설 대신 현실에서 존재하는 권력을 정확하게 설명할 필요가 생겼습니다.

여기서 사회계약설이 나왔습니다. "국가권력은 신이 준 것이 아니고, 우리끼리 약속을 해서 넘겨준 것이다"라고 설명하게 된 거죠. 이 이론을 처음으로 주장한 사람은 영국의 철학자이자 법학자였던 토머스 홉스Thomas Hobbes였습니다.

홉스는 성악설을 주장했던 정치 철학자였습니다. 홉스는 인간의 본성은 악하므로, 국가가 만들어지기 이전인 자연상태에서는 '만인의 만인에 대한 투쟁'이 발생한다고 설명했습니다. 따라서 홉스는 "인간은 자연상태의 권리를 전부 통치자에게 넘겨야 한다"고 주장했는데요. 힘이 약한 사람들끼리 놔두면 서로 다툴 테니, 힘이 강한 사람에게 권력을 넘겨서 싸우지 않게 만든다는 논리입니다.

홉스의 주장은 전제군주를 정당화하는 근거로 쓰였습니다. 그런데 조금 더 자세히 이해할 필요가 있습니다. 홉스는 왕이라는 존재를 필요악으로 봤습니다. 부당한 명령을 내리는 악마 같은 존재인 동시에, 나약한 인간이 불안한 자연상태로 돌아가

토머스 홉스 『리바이어던』의 표지 일부

지 않기 위해 꼭 필요한 존재라 본 것이죠.

홉스는 자신이 쓴 책『리바이어던Leviathan』에서 왕을 구약성경의「욥기」에 나오는 바다 괴물 '리바이어던'에 비유합니다. 왕관을 쓴 리바이어던은 강력한 국가권력을 상징하는데요, 그의 몸은 인민으로 구성되어 있고 인민은 그를 향하고 있습니다. 리바이어던은 한 손에 국가권력을 의미하는 칼을, 다른 손에는 종교적 권위를 나타내는 지팡이를 들고 도시를 지키는 모습을 하고 있습니다. 이 한 장의 그림만으로도 단번에 홉스가 펼치는 논리의 문제점을 알아챌 수 있습니다. 독재자를 옹호하는 데 이용될 수 있다는 치명적 약점 말이지요.

로크의 사회계약설

국민은 어떤 경우
통치자에게 저항할 수 있을까?

윤리 시간에 자주 나오는 이야기를 해볼게요. 인간의 본성은 과연 선할까요, 악할까요? 이 물음에 대한 답변은 사람마다 다른데요, 17세기 영국의 철학자이자 정치 사상가였던 존 로크John Locke는 "인간은 태어날 때부터 특별히 선하거나 악한 것이 아니라 환경 속에서 선 혹은 악으로 나누어진다"고 주장했습니다. 이른바 '백지설'인데요. 타불라 라사(Tabula rasa, 깨끗한 석판)라고도 합니다.

로크는 인간이 본래 이성적이고 사회적인 존재라고 주장했습니다. 즉 인간은 질서를 지키고 양보도 할 줄 아는 존재로 본 것이죠. 그래서 국가가 존재하지 않는 자연상태에서도 자신의 생명·자유·재산의 소유권을 지키며 이를 침해하는 상대에게 저항할 권리를 지니고 있다고 했습니다.

로크가 주장하는 사상의 핵심은 자유와 소유입니다. 그는 인간이 노동으로 얻은 결과물은 자신의 재산이 된다는 '소유권'을 주장했습니다. 재산은 생명과 자유, 자산 등을 포함하는데요, 정부의 주된 역할은 재산권 보장이라고 했습니다. 그는 사람들이 자연상태보다 더욱 안전하게 재산을 보호하기 위해 자신의 권리 일부를 국가나 군주에게 맡기고 세금을 내며, 그 대신 국가로부터 보호받는 계약을 맺는다고 주장했습니다.

그러나 국가가 개인의 자유와 소유권 등을 침범한다면 국민은 복종을 거부할 수 있는 '저항권'을 갖는다고 했습니다. 아무리 국가권력이 절대적이더라도 국민의 생명과 재산까지 마음대로 해서는 안 된다고 본 것이죠. 로크의 저항권 이론은 미국의 독립전쟁과 프랑스 혁명에 큰 영향을 끼쳤습니다.

존 로크의 초상화

사회계약설을 주장한 학자 홉스는 모든 권력을 왕에게 넘겨야 한다고 주장한 반면, 로크는 왕에게 "자유는 우리가 가지고 있을 테니 당신은 법을 만들어 집행하라"며 자연상태의 혼란을 없애고 국민을 지킬 것을 강조했습니다. 로크의 주장은 각 개인이 계약을 통해 국가를 형성했다고 주장한 점에서 홉스와 비슷하지만, 국가가 국민의 자유와 권리를 침해하면 저항할 수 있다고 주장한 점에서는 홉스와 대척점에 서 있습니다.

루소의 사회계약설

루소는 왜 왕을
필요 없는 존재로 보았을까?

장 자크 루소의 초상화

18세기 프랑스의 사상가였던 장 자크 루소Jean-Jacques Rousseau는 "인간의 본성은 선하다"고 주장했습니다. 사회계약이 이루어지기 전 자연상태를 루소는 어떻게 생각했을까요? 자연상태에서 인간은 자유롭고 평화롭지만, 차츰 사유재산과 신분이 등장함에 따라 불평등이 발생하며 이를 방치할 경우 문제를 해결하기 힘들다고 판단했습니다. 그런데 사람들은 선善한 일반의지(루소의 『사회계약론』에 나타나는 공익에 대한 핵심 개념으로, 보편의지라고도 함)를 가지고 있기에, 서로를 보호하기 위해 자발적으로 합의해 법을 만들고 국가를 세우는 데 동의한다고 주장했습니다.

루소에 따르면 주권의 기초는 국민의 일반의지에 있으며, 국가는 이 같은 일반의지에서 나오는 것입니다. 일반의지는 절대적이며, 타인에게 양도할 수 없습니다. 따라서 루소는 왕정을 인정하지 않습니다. 왕정은 국민의 일반의지가 아닌, 왕이 개인적으로 갖고 있는 사적의지에 따라 운영될 확률이 높기 때문입니다. 루소의 관점에

사적의지 : 특수한 이해에 입각한 인간 개개인이 갖고 있는 의지

 서로 상반된 특징

일반의지 : 사회계약으로 성립한 국가가 가지는 단일한 의지

"국가는 오로지 일반의지에 따라 다스려야 한다."

"주권이란 일반의지의 행사이므로 절대 양도할 수 없다."

루소의 주장

서 왕은 필요 없는 존재입니다. 루소의 생각은 국가의 주권이 국민에게 있다는 '국민 주권주의'와 연결됩니다. 또한 루소는 "일반의지는 양도할 수 없다"며 직접민주주의를 주장했습니다. 루소의 사상은 민주주의의 금자탑이라 불리는 1789년 프랑스 혁명에 큰 영향을 주었습니다.

루소는 인간의 평등 문제를 실천적으로 파고든 최초의 사상가로 평가받습니다. 당시 계몽주의 사상가들도 평등을 주장했지만, 사실상 엘리트주의에 빠져 있었거든요. 천재 철학자라 불리는 칸트Immanuel Kant조차도 말입니다. 이런 점에서 살펴보면, 우리가 흔히 루소 하면 떠올리는 "자연으로 돌아가라"는 말도 낭만적이거나 야성적인 상태로서의 자연 회귀가 아니라, 평화롭고 자유로우며 평등한 사회 원형으로서의 자연을 의미한다고 해석할 수 있습니다.

제국주의

19세기 유럽은 왜 다른 나라를 식민지로 만들었을까?

세계 역사를 되돌아보면, 유럽 강대국들이 경제력과 군사력을 앞세워 약소국의 영토를 침략해 식민지로 만들던 시절이 있었습니다. 침략의 광기가 전 세계를 뒤덮기 시작한 것은 19세기 후반 산업혁명부터였습니다. 유럽에서 산업혁명으로 물건을 많이 생산하고 판매할 수 있게 되면서 자본주의가 발달했습니다. 돈을 많이 번 자본가들이 생겼지요. 그런데 사람의 욕심은 끝이 없다고 하죠? 더 많은 돈을 벌겠다고 지나치게 많은 물건을 생산하다 보니, 안 팔리고 남는 물건들이 많이 생겼습니다.

이 문제를 해결하려면 남는 물건을 판매할 수 있는 새로운 시장이 필요했습니다. 이에 유럽 국가들은 해외로 눈을 돌렸어요. 마음대로 지배할 수 있는 해외 식민지가 있다면 그곳에서 남은 물건들도 팔고, 물건을 만드는 데 필요한 원료와 노동력도 얻을 수 있겠다고 계산한 것입니다. 이처럼 유럽 강대국들이 앞다퉈 해외 식민지를 개척한 것을 '제국주의'라고 합니다.

하지만 돈을 많이 벌겠다고 약한 나라를 마음대로 식민지로 삼는 건 분명 잘못된 일이죠. 유럽 열강들은 자신들의 행동을 합리화하기 위해 사회진화론 사상을 근거로 삼았습니다. 진화론이라는 말, 들어봤죠? 우월한 생명체는 살아남지만 열등한 생명체는 환경 적응에 실패해서 사라진다는 이론이 다윈의 진화론인데요, 여기에 착안해서 나온 '사회진화론'은 힘 있는 나라나 민족이 약한 나라나 민족을 지배하는 것이 당연하다고 합리화한 주장입니다.

THE FLAGS OF A FREE EMPIRE, SHOWING THE EMBLEMS OF BRITISH POWER THROUGHOUT THE WORLD

1910년 대영 제국의 지도. 영국이 지배한 나라들이 표시되어 있다.

제국주의는 19세기 유럽에 확산되었던 민족주의와 얽히면서 더욱 심화되었습니다. 독일과 이탈리아의 통일로 고조된 민족주의는 이후 배타적이고 침략적인 성격의 민족주의로 변질되었습니다. 유럽 국민도 식민지 획득이 실업과 불황 등 국내 문제를 해결하고, 국가의 위신을 높여주는 민족의 영광으로 여겨 침략 전쟁을 지지했습니다.

제국주의의 선봉장은 산업혁명을 일으킨 영국이었습니다. 영국은 일찍부터 해외로 진출해 세계의 1/4을 식민지로 만들었습니다. 세계 곳곳에 식민지를 두었기 때문에 '해가 지지 않는 나라'라고 불렀어요. 영국의 뒤를 이은 나라는 프랑스였습니다. 그리고 뒤늦게 통일을 이룬 독일·이탈리아가 뛰어들었고 미국·러시아·일본도 제국주의에 합류했습니다. 이 후발주자들은 영국과 프랑스가 차지하고 남은 식민지를 차지하려고 치열하게 다퉜습니다. 이런 열강들의 탐욕스러운 경쟁은 세계 곳곳에서 충돌을 일으켰고, 제1차 세계대전으로 폭발했습니다.

파쇼다 사건

아프리카의 나라들은
왜 국경선이 직선으로 그어져 있을까?

　세계지도나 지구본을 자세히 살펴보면 의아한 점이 있습니다. 다른 대륙에 있는 국가들은 국경선이 제각각인데, 유독 아프리카 대륙의 국가들은 케이크 자르듯이 국경선이 반듯하게 나뉘어 있습니다. 왜 그럴까요? 유럽 열강들이 자국의 이해관계에 따라 임의로 선을 그어 식민지를 나누어 가졌기 때문입니다. 아직까지도 아프리카는 제국주의 열강들이 식민지 시절에 할퀴고 간 수많은 상처로 몸살을 앓고 있습니다.

　15세기 신항로 개척 이후, 유럽 열강들은 아프리카 해안 지역에 진출해 노예 무역으로 많은 이익을 얻었습니다. 유럽 선교사와 탐험가의 아프리카 탐사 정보는 유럽 제국주의 국가들이 아프리카에 진출하는 데 쓰였습니다. 이후 1869년 수에즈 운하의 개통과 함께 이집트의 중요성이 대두되면서, 유럽 열강들은 앞다투어 아프리카 땅을 차지하기 위해 나섰습니다.

　아프리카를 가장 탐욕스럽게 정복한 나라는 영국이었습니다. 영국은 남쪽의 케이프타운을 식민지 거점으로 삼고, 북쪽의 카이로와 남북으로 잇는 '종단 정책'을 추진했습니다. 프랑스 역시 아프리카 서쪽 절반을 차지하는 데 만족하지 않고, 알제리와 마다가스카르 섬을 연결해 대륙 동쪽을 가로지르는 '횡단 정책'을 추진했습니다. 이처럼 아프리카를 종단하는 영국군과 횡단하는 프랑스군이 1989년 수단의 파쇼다에서 충돌했는데, 이를 '파쇼다 사건'이라 합니다.

　파쇼다에 먼저 깃발을 꽂은 프랑스는 영국에게 깃발을 내릴 것을 강력히 요구했

습니다. 세계의 패권을 양분
해 온 두 열강이 아프리카 한
가운데서 전쟁을 할 위기에
놓였으나, 결국 프랑스가 물
러나게 되었습니다. 대신 영
국은 프랑스의 모로코 점령
을 인정하고, 프랑스는 영국
의 이집트 점령을 인정해 주
었습니다. 수단은 영국의 식
민지가 되었습니다.

　　영국과 프랑스뿐만 아니
라 다른 유럽 열강들도 아프
리카 쟁탈전에 뛰어들었습니

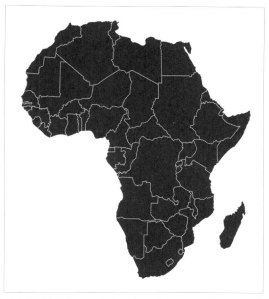

유럽 열강들의 식민지 쟁탈로 인해 오늘날 아프리카의 국경선은
직선으로 그어지게 되었다.

다. 독일은 탄자니아·나미비아·카메룬·토고를 식민지로 삼았고, 이탈리아는 소말
리아와 리비아를 점령했습니다. 포르투갈은 앙골라와 모잠비크를, 벨기에는 콩고를
손에 넣었습니다. 결국 아프리카는 30년 만에 라이베리아와 에티오피아를 제외하고
는 전부 유럽의 손아귀에 들어가게 되었습니다.

우리나라는 왜 아홉 번이나
헌법을 바꾸었을까?
_ 헌법개정과 정부형태

    우리나라는 지금까지 아홉 번에 걸쳐 헌법을 개정했다. 헌법개정 과정을 살펴보면, 대한민국 민주주의의 발전과 정부형태의 변화를 이해할 수 있다. 우리나라 헌법개정의 대부분은 독재자들이 자신의 권력을 연장하기 위해 벌인 일이었다. 국민의 요구를 받아들인 헌법개정은 고작 두 번으로, 4·19 혁명 직후 있었던 3차 개헌과 6월 민주항쟁 이후에 있었던 9차 개헌뿐이다.

    개헌 시기와 목적도 대통령 선거 또는 정권획득과 밀접한 관계를 가진다. 실제로 그간 이루어진 대부분의 개헌이 정부 구성 및 권력구조 개편과 관련되어 있다. 예를 들면 대통령 선거를 간선제(간접선거)로 할 것인지 직선제(직접선거)로 할 것인지, 대통령의 연임과 관련된 규정을 어떻게 할 것인지 등을 개헌으로 결정한 것이다. 3차 개헌 당시에는 최초이자 마지막으로 대통령제 대신 의원내각제를 채택했다.

    현재 우리나라는 대통령제를 채택하고 있다. 역사를 돌아보면 독재를 한 대통령들이 있었고, 그들은 권력을 독점하기 위해 자신에게 유리한 제도를 만들었다. 하지만 독재 세력에 맞선 국민의 노력으로 대통령을 직접 뽑는 직선제와 대통령 단임제 등이 마련되었다. 우리나라는 독재와 민주화의 줄다리기를 거치며 발전해 온 것이다.

    현재의 정부형태는 1987년 9차 개헌을 통해 성립되었으며, 이전보다 권력분립

원칙에 충실한 대통령제를 기반으로 의
원내각제 요소를 추가했다. 우리나라의
정부형태는 의원내각제 요소를 가미해
변형한 형태의 대통령제라 할 수 있다.
그렇다면 우리나라가 도입한 의원내각
제 요소는 어떤 것들이 있을까?

우리나라 대통령제에는 총리가 있
다. 총리는 의원내각제에서 내각(행정부)
을 관장하는 대표를 의미한다. 미국과
같이 정통적인 대통령제를 채택한 나라
는 대통령이 행정부의 수반이기 때문에
총리가 필요하지 않지만, 우리나라는
미국처럼 부통령을 두지 않기 때문에
총리를 두게 되었다.

1987년 6월 故 이한열 열사를 추모하는 시민들이 시청 앞 광장에서 집회를 가졌다. 6월 민주항쟁으로 대통령 직선제 개헌이 이루어졌다. ⓒ서울특별시

또한 우리나라 정부는 법률안제출권을 가진다. 본래 순수한 대통령제에서는 입
법부만 법률안을 제출할 권리를 가진다. 그렇지만 우리나라 헌법 제52조에는 "국회
의원과 정부는 법률안을 제출할 수 있다"라며 정부의 법률안제출권을 인정하고 있
다. 이는 정부가 실제 행정을 담당하면서 법률 제정 및 개정을 위한 전문 지식과 인
력을 확보하고 있고, 입법 자료 역시 풍부하다는 이유에 근거한다.

국민의 신뢰가
국가의 미래를 바꾼다?
_정치적신뢰

　중국 춘추전국시대 때 진나라에 상앙商鞅이라는 사람이 있었다. 정치 사상가였던 상앙은 오가작통법(행정 구역 체계)을 창시했고, 비록 당대에 채택되지는 않았지만 동양 최초로 노비제도의 폐지를 주장했던 인물이다.

　상앙은 나라에서 어떤 법을 시행할 때 국민의 신뢰가 가장 중요하다고 생각했다. 어느 날 그는 성문 앞에 나무 막대기를 하나 세워놓고 벽보를 붙였다.

　"이 나무 막대기를 이쪽에서 저쪽 문으로 옮겨놓는 자에게 상금 10냥을 주겠다."

　벽보를 본 사람들은 황당해하며 믿지 않았고, 나무 막대기를 옮겨놓지 않았다. 이튿날, 상앙은 똑같은 벽보를 쓰면서 상금을 50냥으로 올렸다. 역시 많은 사람들이 장난이겠거니 하고 보고만 있었다. 그러던 중 우직한 사람 하나가 나섰다. 그는 "밑져야 본전 아니겠어?"라며 나무 막대기를 옮겨놓고 상앙을 찾아갔다. 상앙은 두말하지 않고 50냥을 내주었다.

　이 일이 알려지자 진나라 사람들은 국가가 하는 일이라면 무엇이든 믿게 되었다고 한다. 국가를 믿는 국민을 앞세운 진나라는 마침내 통일을 이룰 수 있었다.

　국가에 대한 국민의 신뢰는 어떻게 생기는 것일까? 도로를 많이 깔고, 주택을 많이 만들고, 소득 증대를 도모하고, 학교를 많이 세우면 신뢰가 쌓일까? 물론 이런 일들을 차근차근 해나가는 것 또한 국민을 위한 일일 것이다. 하지만 정치적 신뢰는 정치조직과 정치가들이 법과 윤리를 준수하고, 국민의 요구에 적극적으로 반응하는 것에서 나온다. 오늘은 이런 말을 했다가 내일이 되면 다른 말을 하고, 얼마 전까지는 복지를 강조하더니 몇 년이 채 되지 않아 예산안을 삭감하는 등 정책을 손바닥 뒤집듯 바꾼다면, 국민이 국가를 믿을 수 없을 것이다.

중국의 정치 사상가 상앙의 동상

'정치적신뢰'는 국가가 국민에게 한 약속을 지키고, 공명정대한 법치주의를 따를 때 형성된다. 만약 정치조직과 정치가들이 법과 윤리를 지키지 못한다면 어떻게 해야 할까? 민주주의 사회에서 이를 견제할 수 있는 유일한 주체는 국민이다. 민주주의 사회에서 국민은 잘못되고 그릇된 정치에 분노할 줄 알고, 국가와 소통하면서 바람직한 나라를 함께 만들어 나갈 의무가 있다.

3장

정치학자

☑ 한비자
☐ 소크라테스
☐ 플라톤
☐ 아리스토텔레스
☐ 마키아벨리
☐ 스피노자
☐ 몽테스키외
☐ 칼 마르크스
☐ 해럴드 라스웰
☐ 노엘레 노이만
☐ 새뮤얼 헌팅턴

한비자

어떻게 해야 약한 나라가 강해질 수 있을까?

한비자

흔히 복잡하고 혼란스러운 상황을 일컬어 '춘추전국시대 같다'라고 표현합니다. 춘추전국시대는 고대 중국에서 수많은 나라들이 천하 통일을 두고 치열하게 다퉜던 시기를 의미하는데요, 이 복잡하고 혼란스러웠던 시대가 끝나고 통일이 이루어진 데에는 한비자韓非子가 주장한 '통치의 기술'이 큰 역할을 했습니다.

한비자는 우리에게 비교적 잘 알려진 중국의 정치 사상가로, 전국시대 말기에 살았던 인물입니다. 그가 태어난 한韓나라는 힘 없고 작은 나라였습니다. 서쪽에 이웃한 진나라와 남쪽의 초나라가 호시탐탐 한나라를 노렸고, 여러 차례 침략을 받으며 나라가 위태로웠습니다. 한비자는 이런 전쟁통 속에서 약소국의 비애와 굴욕을 느꼈습니다. 그래서 왕에게 "법으로 다스려 나라를 강하게 만들면 어떨까요?"라고 간했습니다.

한비자는 약한 나라가 처한 현실을 바꾸기 위해서는 '통치의 기술'이 필요하다고 생각했습니다. 그는 약육강식의 논리가 지배하는 춘추전국시대에 혼란을 타개할 통치술로 "법·술·세에 따라 나라를 통치해야 한다"라고 주장했습니다.

여기서 '법法'은 백성들이 반드시 따라야 하는 것으로, 그 안에 각종 상벌 조건을 구체적으로 넣어야 한다고 했습니다. 그래서 백성이 군주에게 복종하면 상을 받고, 저항하면 벌을 받게 해야 한다는 것입니다. 법에 이어서 '술術'은 군주가 신하를 다스리는 독특한 통치 방법으로, 군주라면 이것을 터득해야 한다고 강조했습니다. 술이란 '군주가 신하의 능력에 따라 관직을 맡긴 다음, 사람을 죽이고 살리는 권력을 바탕으로 신하들을 평가하는 것'이었기 때문입니다. 마지막으로 '세勢'는 군주가 갖고 있는 보이지 않지만 강력한 힘인 카리스마를 뜻합니다. 즉, 통치자는 다른 사람들이 감히 넘볼 수 없는 강력한 권력을 가져야 한다는 것입니다.

한비자는 군주가 이 세 가지를 틀어쥐고 신하들을 자유자재로 부린다면, 강력한 중앙집권체제를 이루어 부국강병을 꾀할 수 있다고 주장했습니다. 이를 '법가사상'이라고 합니다. 실제로 그의 법가사상을 충실히 실행한 진나라의 군주인 정政은 중국 역사상 처음으로 통일 제국을 세우고 진시황이 되었습니다.

소크라테스

정치에서 참된 덕이 왜 중요할까?

"너 자신을 알라."

여러분도 한 번씩 들어본 문장이지요? 이 이야기를 한 사람은 바로 소크라테스 Socrates입니다. 이 세상에서 가장 지혜로운 사람이 누구냐고 묻는다면 보통 동양에서는 공자, 서양에서는 소크라테스를 들 것입니다. 소크라테스는 플라톤Platon을 비롯해 많은 제자를 길러낸 고대 그리스의 철학자로, 사람들에게 질문을 던져 깨달음을 얻게 했습니다. 그런데 이 소크라테스가 정치적인 문제에서 중요한 이야기를 했고, 또 정치적인 이유 때문에 죽게 되었다는 사실을 아시나요? 지금부터 그 이야기를 해 드릴게요.

소크라테스는 아테네와 시민들을 사랑했고, 인간이 올바른 삶을 영위하기 위한 조건으로 정의와 도덕을 강조했습니다. 그는 사람을 중심으로 하는 올바른 정치가 사회의 정의와 도덕을 완성하는 과정이라고 보았으며, 역사는 이러한 정치 의식이 진화하는 과정이라고 주장했습니다.

소크라테스가 살던 당시 아테네와 스파르타는 30여 년간 전쟁을 지속했는데, 전쟁에서 스파르타가 승리하면서 그리스는 점점 내리막길을 걷게 되었습니다. 승자인 스파르타는 아테네에 과두정을 실시했습니다. '과두정'이란 소수의 사람이나 집단이 나라의 권력을 독점하고 행사하는 체제를 말합니다. 얼마 지나지 않아 아테네는 과

자크 루이 다비드Jacques Louis David가 그린 〈소크라테스의 죽음〉

두정을 몰아내고 민주정으로 바뀌었지만, 여전히 혼란스러웠습니다.

소크라테스는 당파 간의 끝없는 대립과 투쟁을 비판했고, 인기에 영합해 선출된 무능한 정치가들이 아테네를 망치고 있다고 주장했습니다. 이를 빌미로 소크라테스를 시기하던 민주정 지지자들은 그를 고소했습니다.

배심원들은 다수결에 따라 1차 투표에서 유죄 판결을 내렸습니다. 그리고 형량을 결정하는 2차 투표에서 사형을 선고했습니다. 소크라테스는 정의 앞에서는 죽음도 불사하겠다며 소신을 굽히지 않았습니다. 어릴 때부터 친한 친구였던 크리톤Kriton이 감옥으로 찾아가 탈옥을 권했지만, 소크라테스는 자신의 신념대로 조용히 독약을 마셨습니다. 비록 권력 다툼에 휘말려 죽음을 맞이했지만, 소크라테스는 판결을 내린 아테네 시민들을 마지막 순간까지 포용했습니다.

플라톤

똑똑한 철인이 다스리는 나라는
과연 이상적일까?

우리가 잘 알고 있는 소크라테스에게는 뛰어난 제자가 있었습니다. 누구일까요? 바로 플라톤Platon입니다. 플라톤은 고대 그리스의 철학자이자 사상가입니다. 그는 소크라테스의 제자이자 아리스토텔레스의 스승이었고, 현대 대학의 원형이라고 할 수 있는 '아카데메이아Akademeia'라는 학원을 아테네에 세운 장본인이기도 합니다. 아카데메이아는 아테네의 학교 중에서 가장 먼저 세워졌고, 중요하다고 으뜸으로 손꼽히는 곳이었습니다.

플라톤은 우리가 태어날 때부터 사물의 이상적 형상, 즉 진정한 본질을 기억하고 있다고 주장했는데요, 이것이 바로 '이데아idea'입니다. 플라톤은 지구 위에 있는 모든 사물은 각각의 이데아가 있고, 지상의 모든 사물은 이데아의 모방일 뿐이라고 말했습니다. 예컨대 우리는 기러기·까마귀·부엉이를 보면 새의 이데아를 떠올리고 그것들을 새라고 인식한다는 것입니다.

플라톤은 절대적인 가치, 이상적인 존재를 중시했는데요, 이를 정치에도 고스란히 적용했습니다. 그래서 "나라를 다스리는 통치자도 이상적이어야 한다"라며 철인 정치를 주장했습니다. 무쇠 팔과 무쇠 다리를 가진 로봇들이 사람들을 지배하는 것이 아니고요, 여기서 말하는 철인은 철학자입니다. 플라톤은 지혜를 갖춘 철학자만이 나라를 이끌어갈 자격이 있다고 말했습니다. 진정한 학문이자 인생 지도의 지침인 '철학'으로 나라를 다스려야 한다고 한 것이죠.

이상적인 철인이 나라를 통치한다면, 다른 시민들은 무엇을 해야 할까요? 플라톤은 저서 『국가론Politeia』에서 정치에 적극적으로 참여하는 것이 가장 중요하다고 말했습니다. 플라톤은 "정치를 외면한 가장 큰 대가는 가장 저질스러운 인간들에게 지배당하는 것이다"라고 강조했습니다. 플라톤은 올바른 인간의 삶은 국가라는 틀 속에서 이루어진다고 보았습니다. 만약 사람들이 정치에 관심을 갖지 않으면 어리석은 군주의 지배를 받게 될 것이라고 경고한 것입니다.

플라톤의 두상

플라톤의 이야기는 오늘날에도 시사하는 바가 큽니다. 만약 우리가 정치에 관심을 갖지 않는다면, 부정부패를 저지르는 정치인들이 늘어날 수 있겠지요. 민주 시민으로서 정치에 적극적으로 참여하는 것은 매우 중요합니다.

아리스토텔레스

인간은 왜 정치적 동물일 수밖에 없을까?

아리스토텔레스Aristoteles는 소크라테스, 플라톤을 포함한 고대 그리스 철학자 3인 방 중 마지막 인물입니다. 그는 자신이 쓴 책『정치학Politika』에서 국가를 세우기 위해서는 무엇이 필요하고 어떻게 행동하는 것이 옳은지 설명했습니다. 여기에는 도시국가인 폴리스Polis의 형성과 발전, 바람직한 국가의 구조와 통치 기술에 관한 내용이 담겨 있습니다.

아리스토텔레스는 "인간은 정치적 동물이다"라는 말을 남긴 것으로 유명한데요, 이 말은 세월을 거치면서 '인간은 사회적 동물'이라는 표현으로 알려지며 우리에게 익숙해졌습니다. 인간은 태생적으로 공동체를 떠나서 살 수 없고, 인간만이 폴리스를 이루고 산다는 뜻입니다. 아리스토텔레스는 국가를 이루어 공동 생활을 하는 것이 인간의 최종 목적이고, 개인이나 가정보다 국가가 더 중요하다고 했습니다. 그리고 "인간은 본래 불완전한 존재이기 때문에 공동체 안에서만 안전할 수 있다"라고 주장했습니다.

아리스토텔레스는 인간이란 본능적으로 행복을 추구하는 동물이며, 공동체를 통하지 않고는 보호받거나 행복해질 수 없다고 보았습니다. 또한 인간이란 공동체 안에서 벌어지는 정치 행위를 통해서만 행복을 추구하는 존재이므로 정치적 동물일 수밖에 없다는 결론을 내렸습니다.

또한 아리스토텔레스는 그의 스승 플라톤과는 조금 다른 주장을 했습니다. 플라톤은 이데아를 실현하기 위해서는 재산은 물론 가족까지 공유해야 한다고 주장했는데요, 아리스토텔레스는 이 주장을 부정하고 조화롭게 잘 짜인 국가 공동체 개념을 제시했습니다. 그가 중점적으로 제시한 정치체제는 세 가지입니다. 독재자 한 사람이 통치하는 '참주정치', 부자나 귀족 몇 사람이 통치하는 '과두정치', 다수가 통치하는 '민주정치'가 그것입니다. 아리스토텔레스는 과두정치와 민주정치의 장점을 결합한 체제를 현실적인 대안으로 제시합니다.

아리스토텔레스의 조각상

　여기서 그가 놓친 부분도 있습니다. 노예제에 찬성했고 남녀평등에 대한 개념이 없었으며, 인종과 직업으로 사람을 차별한 것 등이 한계점입니다. 하지만 반대로 대단한 안목도 보여줬습니다. 중산계급이 공동체를 이끌어야 한다고 강조했고, 중산계급이 무너지면 공동체가 무너진다는 견해를 제시했습니다.

마키아벨리

왕은 착해야 할까, 냉혹해야 할까?

군주라고 하면 어떤 모습이 떠오르나요? 수염을 근사하게 기른 인자한 왕의 모습이 떠오르나요? 그런데 이탈리아의 정치 사상가로 유명한 마키아벨리Niccolò Machiavelli는 자신의 책『군주론Il Principe』에서 "군주는 수단과 방법을 가리지 않아야 하고, 교활하고 냉혹해야 한다"라고 주장했습니다. 마키아벨리는 왜 이런 책을 쓴 걸까요?

마키아벨리는 르네상스 시대 때 피렌체 공화국의 외교관이었습니다. 당시 피렌체는 이탈리아의 한 도시국가였는데, 이때의 이탈리아는 아주 혼란스러웠습니다. 안에서는 여러 명의 작은 왕들이 서로 더 큰 땅을 차지하기 위해 싸우고, 밖에서는 외국의 힘센 왕들이 호시탐탐 침공의 기회를 노렸기 때문입니다.

마키아벨리는 위대한 군주가 나타나 이탈리아를 통일하고 강력한 나라를 만들어 주기를 바랐습니다. 그래서 메디치가의 군주에게 자신의 뜻을 전하는『군주론』을 써서 바친 것입니다. 마키아벨리는 사람의 본성은 악하기 때문에, 악한 사회에 질서를 세우려면 군주가 독하고 냉정해야 한다고 주장했습니다. 나라 전체의 행복과 질서를 위해서라면 군주가 부도덕한 일도 서슴지 않아야 한다고 강조했던 것이죠.

『군주론』에는 여러분이 학교에서 배운 도덕적 덕목들을 무시하는 듯한 내용이 많이 나옵니다. 약속은 지켜야 한다느니 정직하게 살아야 한다느니, 관대한 사람이 되어야 한다느니 하는 가르침들을 군주는 지킬 필요가 없으며, 이런 것들보다 사람들을 능수능란하게 다루는 것이 더 중요하다고 주장했습니다. 그래서 이 책을 사악하다고 비난하는 사람들도 있는데요, 『군주론』은 가시가 많은 생선을 잘 발라내듯 조심스럽게 읽어야 합니다. 마키아벨리는 『군주론』을 쓰기 위해 역사적으로 위대한 군주들이 어떻게 행동했는지, 그가 살던 시대의 군주들은 어땠는지 주의 깊게 관찰하고 연구했습니다.

니콜로 마키아벨리

마키아벨리에 따르면, 군주는 나라를 위해 필요하다면 배신도 할 줄 알고 잔인해질 수도 있어야 합니다. 국가의 이익을 위해서라면 지도자가 여우처럼 교활한 책략을 쓸 줄 알아야 하고 사자처럼 용맹해야 한다는 그의 의견은 500년이 지난 지금도 여전히 유효한 철학입니다.

똑같은 칼 한 자루라도 요리사의 손에 있느냐, 범죄자의 손에 있느냐에 따라 그 결과는 크게 달라집니다. 『군주론』도 읽은 사람이 어떻게 받아들이고 행동하느냐에 따라 그 사람에게 좋은 약이 될 수 있고, 나쁜 독이 될 수도 있을 것입니다.

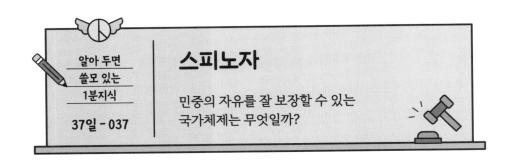

스피노자

민중의 자유를 잘 보장할 수 있는
국가체제는 무엇일까?

"내일 지구가 멸망할지라도 나는 오늘 한 그루의 사과나무를 심겠다."

여러분도 이 말을 들어본 적이 있나요? 이 이야기를 한 스피노자Baruch De Spinoza
는 네덜란드의 유대인 철학자로, 데카르트René Descartes·라이프니츠Gottfried Wilhelm
Leibniz와 함께 17세기 합리주의를 대표하는 인물입니다. 그는 철학자인 동시에 정치
사상가이기도 합니다. 당시 끊임없는 정쟁과 대립, 정치적 혼란을 경험했던 그는 약
소국이었던 네덜란드를 지속적인 국가체제로 만들기 위해『정치론Tractatus Politicus』
을 썼습니다. 이 책은 40대 중반에 요절한 그의 미완성 유작이기도 합니다.

『정치론』은 개인과 사회, 국가와의 관계 속에서 어떤 체제를 통해 어떤 방법으로
국가와 사회가 작동하는 것이 바람직한지 철학적 성찰을 담았습니다. 스피노자는 이
책에서 국가의 권리, 최고 권력이 맡는 일, 국가의 목적을 설명했습니다. 그리고 국
가체제의 종류를 군주국가, 귀족국가, 민주국가로 나누어 각각의 통치체제와 그 운
영 원리를 제시했습니다.

스피노자가 구성하는 군주정에서 군주는 세습이 인정되지 않습니다. 군주제에서
왕의 의지는 바로 국법입니다. 왕은 국가 그 자체이므로, 왕이 사망하면 국가는 자연
상태, 즉 국가가 성립하기 이전의 상태로 돌아간다고 보았습니다. 자연상태에서 최
고 권력은 자연스럽게 민중에게 돌아가고, 민중만이 새로운 법률을 만들고 새로운

후계자를 선정할 권리를 가진다고 보았습니다.

또한 스피노자는 민중 속에서 선출된 소수의 사람이 통치권을 장악하는 국가를 '귀족국가'라고 정의했습니다. 귀족국가에서는 선거로 지배권을 얻는 데 비해, 민주국가에서는 누구나 태어나면서부터 지배권을 갖는다는 것이 차이점입니다.

'민주국가'는 모든 사람이 투표할 권리와 스스로 공직에 취임할 자격을 갖는 완전한 '절대 통치 국가'입니다. 그는 민주적으로 통치되는 국가야말로 민중의 자유를 잘 보장할 수 있고, 민중이 자유로운 국가야말로 가장 안정적이라고 보았습니다.

스피노자

스피노자는 생전에 민주국가에 대한 설계를 다 마치지 못했지만, 민주국가의 이념을 '자유를 실현할 수 있는 국가체제'로 세웠습니다. 그의 자유주의 사상과 국가 운영 철학은 현재까지 이어지고 있는 네덜란드의 통치체제인 입헌군주제의 형성과 유지에 큰 영향을 주었습니다.

알아 두면
쓸모 있는
1분지식

38일 - 038

몽테스키외

입법·행정·사법의 권력을
왜 나누자고 했을까?

1721년 유럽에서 『페르시아인의 편지Lettres persanes』라는 소설이 익명으로 출간
돼 큰 이슈가 되었습니다. 이 소설은 유럽을 방문한 두 페르시아인이 자신의 생각을
친구에게 쓴 편지로 구성되어 있었는데요, 그 내용이 범상치 않았습니다. 당시 프랑
스 사회와 전제정치를 신랄하게 비판했기 때문입니다.

이 소설을 쓴 사람은 과연 누구였을까요? 프랑스의 사상가이자 계몽사상을 대표
하는 학자 몽테스키외Montesquieu입니다. 그는 재치 넘치는 기지로 프랑스 사회를 날
카롭게 비판하는 소설을 쓸 만큼 정치에 관심이 많았습니다. 이후 그는 유럽을 여
행하며 각국의 정치적·경제적 상황을 공부했고, 20여 년의 노력 끝에 『법의 정신De
l'esprit des lois』을 펴냈습니다.

몽테스키외는 이 책에서 정부의 유형을 공화정·군주정·전제정 등 세 가지로 구
분했습니다. 그 가운데 삼권분립과 입헌군주제를 채택한 영국의 정치 형태가 가장
모범적이라고 주장했습니다. 정부의 유형을 정리하면 다음과 같습니다.

정부의 유형	공화정	민주정	주권이 국민 전체에 있음. 법에 따라 다스림.
		귀족정	주권이 소수의 귀족에게 있음. 법에 따라 다스림.
	군주정		주권이 군주 개인에게 있음. 법을 지키며 다스림.
	전제정		주권이 군주 또는 개인에게 있음. 법을 무시하고 다스림.

몽테스키외는 공화정·군주정·전제정을 움직이는 행동 원리를 밝혔습니다. 그는 공화정을 유지하는 원리는 덕이고, 군주정을 유지하는 원리는 명예이며, 전제정을 유지하는 원리는 공포라고 했습니다.

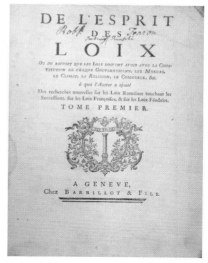

몽테스키외가 쓴 『법의 정신』

공화정에서는 다수가 주권을 행사하기 때문에, 개인의 이익보다 공공의 이익을 중시하는 등 정치적인 덕을 추구하는 것입니다. 군주정의 원리는 명예입니다. 군주정은 단 한 사람이 통치하지만, 정해진 법을 따르기 때문입니다. 전제정의 원리는 공포입니다. 전제정은 법을 무시하고 오직 힘으로 억누르는 정치를 하기 때문입니다. 공화정과 군주정이 법에 따른 온건한 정부 유형이라면, 전제정은 법을 무시하는 과격한 정부 유형입니다.

『법의 정신』을 관통하는 하나의 커다란 주제는 바로 '시민의 정치적 자유'입니다. 몽테스키외는 진정한 정치적 자유가 보장되려면 법을 제대로 만들고 집행해야 하고, 이를 위해 정치권력을 입법·행정·사법 등 세 갈래로 나눠야 한다고 주장했습니다. 그리고 각각의 권력은 다른 권력으로부터 간섭이나 구속받지 않아야 한다고 했습니다. 『법의 정신』에 담긴 그의 삼권분립 사상은 미국의 독립전쟁과 프랑스 혁명에 큰 영향을 끼쳤습니다.

칼 마르크스

마르크스는 왜 착한 자본가는
없다고 주장했을까?

19세기 유럽에서 산업혁명이 일어났던 시절, 수많은 노동자들이 공장에 모여 일을 하고 있었습니다. 당시 자본가들은 많은 돈을 벌었지만 노동자들의 현실은 암울했습니다. 노동자들은 오랜 시간 일했고, 늘 배고픔에 시달렸습니다. 자본가들이 이윤 추구를 위해 쥐꼬리만큼 적은 임금을 주었기 때문이죠. 당시에는 노동자들을 보호하는 법도 제대로 없었기 때문에, 달리 호소할 방법도 없었습니다.

정치 이론가이자 사회학자인 칼 마르크스Karl Marx는 이러한 현실에 의문을 갖고 자본주의를 비판하는 이론을 내놓았습니다. 그는 1848년 프리드리히 엥겔스Friedrich Engels와 함께 『공산당 선언Manifest der Kommunistischen Partei』을 발표했고, 1867년 자본주의 사회를 비판하는 『자본론Das Kapital』을 펴냈습니다. 이 책은 20세기 인류에 가장 큰 영향을 끼친 고전으로 꼽힙니다. 도대체 어떤 내용을 담고 있을까요?

그는 『자본론』에서 자본주의의 구조와 변동 법칙을 명쾌하게 보여주고, 노동자 계급이 왜 자본가 계급의 억압을 받는지 설명했습니다. 그리고 자본주의가 어떤 방향으로 발전해야 하는지 밝혔습니다.

『자본론』의 핵심은 '잉여 가치론'입니다. 마르크스는 모든 생산물의 가치는 그것을 생산하기 위해 투입된 노동 시간에 따라 결정된다고 보았습니다. '잉여 가치'는 노동자가 생산한 생산물의 가치와 노동자에게 주는 임금과의 차액을 뜻합니다. 예를 들어 1,000원짜리 빵 8개를 만드는 노동자가 3,000원을 받는다면, 잉여 가치는

5,000원입니다. 마르크스는 빵을 만드는 하루 8시간 노동 가운데 3시간만 노동자 자신을 위한 필요 노동이며, 나머지 5시간은 자본가를 위한 노동, 즉 '잉여 노동'이라고 규정했습니다. 자본가는 빵 8개 중 필요 노동에 해당하는 빵 3개만 노동자에게 임금으로 지급하는데, 이것은 노동력을 재생산하기 위한 '노동의 대가'입니다.

칼 마르크스

잉여 가치를 제대로 창출하지 못한 자본가는 경쟁에서 뒤처지기 때문에, 자본가는 생존을 위해서라도 더욱 노동자 계급을 착취하게 됩니다. 따라서 마르크스는 착한 자본가는 없다고 주장했습니다. 마르스크는 자본주의가 고도화되면 노동력에 대한 수요는 상대적으로 줄어들고, 잉여 노동 인구는 실업자로 전락해 빈부격차가 급격하게 커질 것이라고 주장했습니다.

마르크스는 자본주의 체제에서는 경제공황이 일어날 수밖에 없다고 보았고, 분업과 기계의 등장이 노동의 소외와 착취를 심화한다고 설명했습니다. 그의 주장은 스탈린Iosif Vissarionovich Stalin과 마오쩌둥毛澤東 같은 철권 통치자뿐만 아니라, 체 게바라Che Guevara와 같은 혁명가들의 정치와 경영 철학에도 큰 영향을 주었습니다. 그 결과, 20세기 동안 세계 인구의 절반 이상은 사회주의를 추구하는 정부의 통치 아래 살게 되었습니다.

해럴드 라스웰

정치에 무관심한 사람들의
진심은 무엇일까?

많은 사람들이 정치에 관심이 없다고 말합니다. 하지만 과연 그럴까요? 심리학적으로 '무관심'이란 어떤 대상에 대한 욕구가 채워지지 않을 때, 오히려 그 대상에 관심을 갖지 않음으로써 정신적 불안정을 극복하려는 마음 상태라고 합니다. 정치에 대한 무관심도 마찬가지입니다. 정치가 자신의 욕구를 채워주지 못하니까 정치를 외면해서 실망감을 줄이려는 것이죠.

미국의 유명한 정치학자인 해럴드 라스웰H. D. Lasswell은 정치적 무관심의 유형을 세 가지로 분류했습니다. 첫째는 '무정치적 무관심'으로, 다른 일에 관심이 쏠린 나머지 정치에 관심이 없는 경우를 뜻합니다. '정치가 밥 먹여주나?' 라고 생각하며 무심한 경우를 들 수 있겠지요.

둘째는 탈정치적 무관심입니다. '탈정치적 무관심'은 지난날 정치에 큰 기대를 갖거나 참여했지만 그 기대가 꺾인 후, 정치에 대한 환상이 깨져 관심이 약해지는 경우입니다. 정치에 대한 요구나 기대는 크지만, 원하는 바를 실현하는 수단과 영향력이 모자라서 정치에서 벗어나려는 태도입니다.

셋째는 '반정치적 무관심'입니다. 자신이 원하는 신념이나 가치가 정치와 충돌할 경우, 기존의 정치과정을 반대하면서 무관심해지는 경우입니다. 정치를 통해 더 이상 자아실현이 어렵다고 판단하고, 오히려 상실감을 느낄 수 있다고 생각해 정치를 기피하는 태도라고 볼 수 있습니다. 이를테면 개인주의적 무정부주의자나 종교적 신비주의자처럼 종교적·도덕적·사상적인 신념이 현재 정치와 어긋나기 때문에 지금의 정치과정을 반대하는 태도입니다. 이런 사례들을 보면, 개인이 정치에 가지고 있는 위화감이나 좌절감, 또는 소외감의 표출이 정치에 대한 무관심으로 나타난다는 것을 알 수 있습니다.

미국의 정치학자 해럴드 라스웰

요즘에는 인터넷과 정보통신기술의 발달로 국민이 정치에 참여하기가 훨씬 쉬워졌습니다. 독특한 점은 오히려 정치에 대한 무관심이 커지고 있다는 것입니다. 왜 이런 현상이 생기는 걸까요? 이는 사회가 이전보다 훨씬 더 복잡해지고 정치권력이 거대해짐에 따라 국민의 무력감과 소외감이 커졌기 때문입니다.

지금까지 정치적 무관심의 종류와 원인을 살펴봤는데요, 그래도 우리는 정치에 대한 관심을 놓지 않아야 합니다. 그렇지 않으면 정치인들이 국민 다수의 의견을 반영하기보다는 자신들의 이해관계만을 반영하는 쪽으로 정책을 만들 수 있기 때문입니다.

노엘레 노이만

자신의 생각이 다수의 생각과 다르면
왜 자신감이 떨어질까?

친구들과 함께 중국 음식을 주문하려고 합니다. 한 명씩 차례로 먹고 싶은 음식을 말하는데, 모두가 자장면을 고릅니다. 이때 본인은 짬뽕을 먹고 싶은데도 짜장면을 고르게 되는 경우가 있죠? 이처럼 자신의 생각이 다수의 의견과 같으면 당당하게 말하고 그렇지 않으면 침묵을 지키는 태도는 일상에서 자주 볼 수 있습니다.

다수 앞에서 흔들리는 나, 이상한가요? 이러한 심리를 알아볼 수 있는 재미있는 실험이 하나 있습니다. 일곱 명의 사람들에게 "세 개의 선 A, B, C 중에 X와 길이가 똑같은 것을 고르라"는 문제를 냈습니다. 답은 누가 봐도 B가 맞죠. 그런데 실험 참가자 여섯 명은 사전에 똑같이 C라고 틀린 답을 하기로 약속했습니다. 틀린 답을 들은 일곱 번째 실험 참가자는 과연 어떻게 대답했을까요? 다른 사람과 똑같이 대답합니다. 이 실험은 심리학자 솔로몬 애시Solomon Eliot Asch의 유명한 동조 실험으로, 사람들이 사회적 고립을 두려워한다는 것을 극명하게 보여줍니다.

이를 바탕으로 독일의 언론학자인 엘리자베스 노엘레 노이만Elisabeth Noelle Neumann은 흥미로운 이론을 발표했습니다. 사람들은 여론의 분위기를 파악하는 능력이 있기 때문에 특정 의견에 대한 호감과 반감을 정확히 감지한다는 것입니다. 그래서 자신의 생각이 우세한 여론과 일치하면 적극적으로 표현하고, 그렇지 않으면 숨깁니다.

이를 '침묵의 나선 이론'이라고 부릅니다. 여론의 형성 과정이 한 방향으로 쏠리

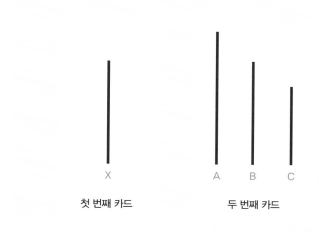

첫 번째 카드   두 번째 카드

사람들이 다수의 의견에 동조한다는 것을 알아볼 수 있는 실험 카드

는 모습이 마치 나선 모양과 같다고 해서 붙여진 이름입니다. 다수 의견은 나선의 바깥쪽으로 돌면서 점점 세력이 커지고, 소수 의견은 안쪽으로 돌면서 점점 줄어듭니다. 어떤 의견이 다수의 사람들에게 인정받는 상황이라면, 반대 의견을 가지고 있는 소수의 사람들은 고립에 대한 두려움으로 침묵하려는 경향이 크다는 것이죠. 그러다 보니 목소리 큰 사람의 의견만 드러나고, 소수의 의견은 묻히게 됩니다.

선거가 끝난 후, 실제 투표 결과보다 당선자에게 투표했다고 말하는 사람들의 수가 더 많을 때가 있습니다. 사람들은 소외되지 않고 승자에 속하려는 경향이 있기 때문입니다.

새뮤얼 헌팅턴

유럽과 이슬람은 왜 사이가 나쁠까?

신문이나 뉴스에서 미국과 이슬람 국가들이 갈등을 겪고 있다는 소식을 들어본 적이 있을 겁니다. 최근에는 미국과 중국 간의 무역분쟁도 있었습니다. 왜 이렇게 다투는 걸까요? 그 이유를 설명한 정치학자가 새뮤얼 헌팅턴Samuel Phillips Huntington입니다.

그는 자신의 저서『문명의 충돌 The Clash of Civilizations and the Remaking of World Order』에서 "앞으로 국제정치의 가장 심각한 분쟁은 문명 간의 충돌이 될 것"이라고 주장했습니다. 미국 중심의 자본주의 진영과 소련 중심의 사회주의 진영이 치열하게 이념 대립을 하던 냉전이 끝나자, 사람들은 세계가 평화로울 거라고 예상했습니다. 하지만 새뮤얼 헌팅턴의 생각은 달랐습니다. 그는 국가들이 이념의 차이가 아닌, 문화적·종교적 차이로 다툴 것이라고 생각했습니다.

헌팅턴이 바라보는 미래 세계에서 경쟁과 대립의 핵심 요소는 문명입니다. 여기서 '문명'이란 언어·종교 등 여러 가지 문화적 요소의 집합체로, 세계의 여러 지역에 자리 잡아 온 문명권을 뜻합니다. 이 문명권을 구분하는 1차적인 기준은 종교입니다. 세계는 종교에 따라 크리스트권·정교권·이슬람권·유교권·불교권·힌두권 등으로 나눌 수 있습니다. 각 문명권은 이들 문명에 소속된 국가나 집단 간에 서로를 아끼고 챙기는 '가족국'의 개념으로 발전합니다. 각기 다른 문명권에 속한 국가 간에 대립과 갈등이 발생할 경우, 가족국을 돕기 위해 같은 문명권의 국가들이 자연스럽게

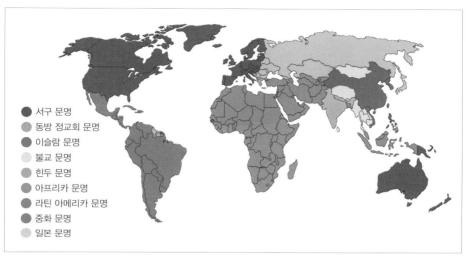

새뮤얼 헌팅턴이 제시한 문명권의 분포를 나타내는 세계지도. ⓒKyle Cronan and Olahus

- 서구 문명
- 동방 정교회 문명
- 이슬람 문명
- 불교 문명
- 힌두 문명
- 아프리카 문명
- 라틴 아메리카 문명
- 중화 문명
- 일본 문명

뭉치게 됩니다. 이러한 뭉침으로 또 다른 갈등과 분쟁의 위험이 생기는 것입니다.

헌팅턴은 "이념은 가고 그 자리를 문명이 차지한다"면서 이념의 갈등이 문명의 갈등으로 재탄생하고, 그 중심에 서구 문명 대 이슬람 및 아시아 유교 문화권의 충돌이 있을 것이라고 예견했습니다. 또한 냉전 이후 서구 세계가 군사적·정치적·경제적 측면에서 다른 문명권에 비해 압도적 우위를 누리고 있기 때문에, 당분간 서구 세계에 대한 도전은 있을 수 없다고 강조했습니다.

『문명의 충돌』은 유럽 문화권의 강력함을 주장해 많은 아시아 지도자들의 비판을 받았지만, 세계 질서를 파악하는 새로운 시각을 제공했습니다. 경제의 이면에 깔린 문명에 포인트를 두었고, 21세기는 '문화 전쟁'이라는 시대적 흐름을 드러냈습니다. 헌팅턴의 주장은 2001년 발생한 9.11 테러 이후 큰 주목을 받았으며, 최근에는 이스라엘과 팔레스타인 간 분쟁이 커지면서 이슈가 되었습니다.

리더의 권력은 어디서 나올까?
_『군주론』과 〈브이 포 벤데타〉 속 정치권력

차별과 감시, 통제가 일상화된 2040년의 미래 영국 사회. 자유를 완전히 잃어버린 이 나라에 한 혁명가가 등장한다. 바로 가이 포크스Guy Fawkes 가면을 쓴 남자 'V'다. V는 400년 전 영국 제임스 1세James I 정부의 박해를 끝내기 위해 의회를 폭파하려다 처형됐던 가이 포크스의 가면을 쓰고, 실패했던 혁명을 성공시키려 한다. V는 폭력으로 국민을 억압하는 정부를 무너뜨리겠다고 마음먹는다. V의 철저한 계획하에 정권 장악 음모에 함께했던 이들이 죽음을 맞이하는 등 사건 사고가 펼쳐지고, 사람들은 하나둘씩 새로운 세상에 눈을 뜨게 된다. 이윽고 공포에 대한 복종과 자유에 대한 투쟁 사이에서 갈등하는 사람들의 모습이 펼쳐진다.

이 이야기는 영화 〈브이 포 벤데타V For Vendetta〉의 줄거리다. 나라를 이끄는 리더의 권력이 어디서 나오는지 알아보기 위해, 마키아벨리가 『군주론』에서 언급한 군주와 영화의 V를 비교해 보자.

마키아벨리가 언급한 군주는 절대권력을 가진 군주가 아닌, 인민의 지지를 얻어야 하는 지도자다. 마키아벨리가 "군주가 가질 수 있는 최선의 요새는 인민에게 미움을 받지 않는 것이다"라고 말한 이유가 여기에 있다. 마키아벨리는 군주의 냉철함과 교활함을 강조하는 동시에, 군주가 인민의 신임을 얻는 것도 중시했다.

그렇다면 영화의 V는 어떤 리더일까? 영화에서 혁명은 V라는 한 인물의 계획으로 일어나지만, 국회의 사당이 폭파되는 순간 모든 사람이 V의 가면을 벗어던지는 장면이 나온다. 이 장면은 국민이라면 누구나 리더의 자리에 올 수 있음을 의미한다. 단, 진실에 대한

2009년 G20 런던 정상회의 반대 시위 당시 사용된 가이 포크스 가면

믿음과 용기로 국민을 이끌고, 국민의 지지를 받아야만 한다.

영화 〈브이 포 벤데타〉에는 유명한 명대사가 나온다. 바로 "국민이 정부를 두려워하는 것이 아닌, 정부가 국민을 두려워해야 한다"라는 문장이다. 실제로 영화에 나오는 것처럼 억압된 사회에 살고 있다면, 정부의 탄압이 두려워 아무런 문제 제기를 하지 않고 조용히 살아가는 사람들이 많을 수도 있다. 그렇지만 V는 모든 국민이 용기를 갖고 정부에게 국민의 권리를 내세우면 잘못된 정치가 바뀔 수 있다고 보았고, 이러한 믿음 속에 혁명을 일으켰다.

한편, 마키아벨리의 『군주론』과 영화 〈브이 포 벤데타〉의 공통점도 있다. 어떤 국가 형태든 누가 다스리든, '정치권력'이란 모든 국민의 지지를 받는 것을 기본으로 한다는 점을 시사하고 있는 것이다.

경제적 불평등은
사회에 어떤 영향을 미칠까?
_ 〈오징어 게임〉으로 보는 빈부격차

　빚더미에 올라앉은 채 어려운 생활을 하던 주인공 성기훈. 어느 날 그는 일확천금을 벌 수 있다는 제안을 받고 의문의 서바이벌 게임에 참여하게 된다. 현장에는 빚에 쫓기는 수백 명의 가난한 사람들이 모여 있었다. 참가자들은 게임에서 승리하면 총 456억 원의 상금을 주겠다는 파격적인 조건에 솔깃해한다. 하지만 게임이 시작되자마자 탈락한 사람들은 총에 맞아 쓰러진다. 기훈을 비롯한 참가자들은 게임을 계속할지 그만둘지 고민하지만, 거액의 빚 독촉과 암울한 현실에 굴복해 다시 게임에 참여하게 된다.

　2021년, 넷플릭스 드라마 〈오징어 게임〉이 한국 드라마 최초로 전 세계 넷플릭스 1위를 차지하며 큰 화제가 되었다. 사회 현실을 비판하는 드라마 〈오징어 게임〉은 실업, 취업난, 이주노동자 임금 체불, 도박, 사채, 주식거래 등 경제적 불평등과 빈부격차 문제를 여실히 드러냈다.

　드라마에 등장하는 456명의 게임 참가자들은 '게임보다 더 지옥 같은 현실'에 신음하고 있었고, 돈 때문에 목숨을 걸고 게임에 나선다. 하지만 그들이 치르는 게임은 전혀 공정하지 않았고, 게임을 주관하는 자들의 의지에 따라 규칙이 제멋대로 바뀌었다. 참가자들은 생존을 위해 매 순간 치열하게 다툰다. 게임에서 자신의 이익을 위해서라면 그 누구도 이용하고, 친구가 되었더라도 언제든 배신하며 경쟁한다.

드라마는 경제적 불평등이 심각한 사회의 문제점과 돈 때문에 이성을 잃어가는 이기적이고 나약한 인간의 모습을 적나라하게 드러낸다. 자본주의는 오늘날 가장 합리적인 사회 구조라고 여겨지지만, 부작용도 만만찮다. 자본주의 사회에서 사람이 만들어 낸 돈은 주객이 전도되어 인류를 지배하는 주인이 되었다. 현재 우리 사회는 물질만능주의에 따른 도적적 해이, 계층 이동의

영화 〈오징어 게임〉의 경비원 코스프레를 한 팬의 모습

사다리 붕괴, 빈부격차로 인한 사회적 갈등 심화 등의 문제를 겪고 있다.

미국 인구조사국에 따르면 미국의 상위 1%가 전체 부의 35%를 차지하고 있는 반면, 하위 50%는 전체 부의 1.5%를 점유하고 있는 것으로 나타났다. 이에 미국 MSNBC 방송 프로그램 '더 비트The Beat'에 출연한 정치학자 제이슨 존슨Jason Johnson 박사는 2021년 10월 〈오징어 게임〉 속 출연자들이 입었던 녹색 운동복과 비슷한 차림을 하고 미국의 빈부격차 뉴스를 전하기도 했다. 《뉴욕타임스The New York Times》는 "오징어 게임의 전 세계적인 흥행 뒤에는 뿌리 깊은 불평등과 기회의 상실에 대한 절망감이 있다"라고 논평했다.

〈오징어 게임〉이 흥행몰이를 한 이유는 전 세계가 양극화 문제를 겪고 있고, 이러한 문제에 공감하기 때문이다. 경제적 불평등과 빈부격차는 오늘날 우리 사회가 가장 시급하게 해결해야 할 정치적 이슈로 손꼽히고 있다.

4장

정치역사

알아 두면
쓸모 있는
1분지식

43일 - 043

아테네 민주정치

아테네 시민들은 어떻게 정치에
마음껏 참여할 수 있었을까?

영화 〈나의 그리스식 웨딩My Big Fat Greek Wedding〉에는 그리스계 미국인인 아버지가 "그리스는 철학이 발아한 곳이자 최초로 민주주의를 만든 곳이야!" 하면서 어깨에 힘을 주는 장면이 나옵니다. 그리스인들이 정치에 자부심을 갖는 것은 당연합니다. 특히 민주주의에 대해 말이지요. 고대 그리스의 시민 사회는 비록 완전하진 않았어도 오늘날의 민주정치와 상당히 유사한 제도를 가졌으니까요.

고대 그리스의 아테네는 영토도 작고 인구도 적은 도시국가였습니다. 대부분의 노동을 노예와 외국인이 도맡아준 덕에 아테네 시민들은 마음껏 정치에 참여할 수 있었는데요, 시민 모두가 민회民會에 참석해 법률 제정, 세금 부과, 국방 등 공동체에 중요한 사안들을 직접 토의하고 결정했습니다.

그러나 모든 시민이 참여해 민회를 운영하는 데 어려움이 많아지자 절충안을 내놓습니다. 민회에 모인 사람들 중 제비뽑기로 대표를 선출해 '500인 평의회'를 구성한 것입니다. 500인 평의회는 민회에 제출할 법안을 토론으로 결정했습니다. 오늘날 사법부에 해당하는 재판소도 있었는데, 추첨제나 윤번제로 선출된 배심원이 재판을 진행했습니다. 즉, 아테네는 민회·평의회·재판소 등을 통해 직접민주주의를 실현한 것입니다. 공직자들은 수당을 받고, 가장 하위 계급의 시민도 정치에 참여하는 등 다양한 시스템이 만들어지면서 민주주의가 발전했습니다.

아테네 민주정치의 가장 큰 특징은 모든 시민이 참여해 국가의 중요한 일을 토의

고대 그리스 아테네의 아크로폴리스. 아크로폴리스는 높은 도시. 도시 문명을 뜻한다.

하고 결정하는 직접민주주의를 실현했다는 것입니다. 시민이 나라의 주인이 되어 국
정에 직접 참여하는 이상적인 구조를 만들었습니다. 하지만 명확한 한계점도 있었
습니다. 일정 연령의 성인 남성에게는 모두 시민 자격을 부여했지만, 여성이나 노예,
외국인 등은 정치에 참여하지 못하도록 배제했기 때문이죠. 이것이 아테네 정치를
'제한된 민주주의'라 부르는 이유입니다.

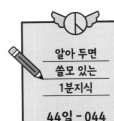

도편추방제

한낱 도자기 조각으로
어떻게 독재자를 쫓아냈을까?

평화로운 고대 그리스의 아테네, 어느 날 시민들이 중요한 투표를 하러 모입니다. 시민들은 도자기 조각을 하나씩 손에 건네받고 골똘히 고민에 빠집니다. 이윽고 도자기 조각을 투표용지로 삼아 누군가의 이름을 남몰래 적습니다. 시민들은 과연 무엇을 한 걸까요?

기원전 508년, 아테네의 정치인 클레이스테네스Cleisthenes는 독재자의 출현을 막기 위해 '도편추방제'를 도입했습니다. 이는 독재정치를 펼칠 우려가 있는 사람의 이름을 도자기 조각에 써넣는 제도입니다. 도자기 조각에 6,000번 이상 이름이 적힌 사람은 투표일로부터 열흘 이내에 아테네를 떠나야 했고 10년 동안 추방되었습니다. 이를 어기는 사람은 사형에 처했습니다.

민주정치가 이루어지려면 여러 사람들의 의견을 잘 모아야 하고 자기 마음대로 정치를 하는 독재자가 없어야겠죠. 아테네도 처음부터 민주정치를 한 것은 아니었습니다. 처음에는 왕과 귀족들이 나라를 다스렸지만 해외 무역과 상공업이 발달하면서 참주라는 독재자들이 나라를 어지럽혔습니다. 그래서 도편추방제를 도입해, 독재 위험이 큰 정치인을 도시에서 추방한 것이죠.

하지만 문제점도 있었습니다. 도편추방제는 종종 경쟁자를 물리치는 수단으로 악용되어 '다수의 횡포'를 가능하게 했기 때문입니다. 아테네의 정치가이자 군인이었던 테미스토클레스Themistocles는 페르시아와 벌인 살라미스 해전에서 큰 승리를 거

기원전 482년 도편추방제에 쓰인 도자기 조각. 도편추방제는 오늘날의 국민소환제와 유사하다.

두었지만, 도편추방제 때문에 추방당했습니다. 테미스토클레스를 시기하던 반대 세력이 도자기 조각에 그의 이름을 적었기 때문이었습니다.

도편추방제는 소수의 선동가에게 다수가 설득당해 잘못된 결정을 내리는 방식으로 오용되기도 했습니다. 그래서 중우정치衆愚政治라는 비판을 받았습니다. '중우정치'는 이성보다 일시적인 충동에 따라 좌우되는 어리석은 대중의 정치라는 뜻으로, 민주정치의 부정적 측면을 비꼬는 말로 쓰입니다. 플라톤과 아리스토텔레스는 '민주제의 타락한 정치체제'를 중우정치라고 불렀습니다.

명예혁명과 독립전쟁

알아 두면 쓸모 있는 1분지식

45일 - 045

부르주아 계급은 절대 왕정을
어떻게 무너뜨렸을까?

"짐이 곧 국가다."

오늘날과 달리 옛날에는 왕의 권한이 절대적이었고 시민들은 복종해야 했습니다. 예를 들면 16세기 후반 절대주의 군주였던 영국의 엘리자베스 1세Elizabeth I와 프랑스의 루이 14세Louis XIV는 막강한 권력을 자랑했습니다.

이 왕들은 상공업을 중시하는 중상주의 정책을 실시했는데, 이는 상인 자본가와 자영 농민층이 성장하는 계기가 됐습니다. 이렇게 부를 축적한 사람들을 '부르주아'라고 합니다. 부르주아를 중심으로 한 시민들은 계몽사상으로 깨달음을 얻고, 절대 왕정을 무너뜨리는 시민혁명을 일으키게 됩니다.

세계 역사상 3대 시민혁명은 영국의 명예혁명, 미국의 독립전쟁, 그리고 프랑스 혁명입니다. 여기서는 명예혁명과 독립전쟁에 대해 알아볼게요.

명예혁명은 1688년 영국에서 일어난 혁명입니다. 당시 국왕이었던 제임스 2세James II가 전제정치를 강화하자 의회는 불만을 가집니다. 결국 의회는 제임스 2세를 쫓아내고 윌리엄 3세William III와 메리 2세Mary II를 공동 국왕으로 추대합니다. 이는 의회가 왕권을 통제하는 '의회정치'의 기초를 확립하는 계기가 되었습니다.

명예혁명 결과, 영국은 "왕은 의회의 허락 없이 법을 제정하거나 세금을 거둘 수 없다"는 「권리장전Bill of Rights」을 승인하게 되었습니다. 권리장전은 의회의 승인에

미국의 작가 존 트럼벌John Trumbull이 그린 〈독립선언The Declaration of Independence〉. 해당 그림은 미화 2달러 지폐 뒷면에도 그려져 있다.

따른 법 제정, 의회 내에서의 언론의 자유, 왕의 계승 순서와 자격 등을 규정한 문서입니다. 왕이 법을 따라야 한다는 '입헌주의'가 확립된 것이지요. 이를 계기로 국민의 기본권이 헌법으로 보장되기 시작했고, 법에 따라 정치를 하게 되었습니다.

한편, 미국의 독립전쟁은 영국의 식민지였던 북아메리카 13개 주가 힘을 모아 독립을 쟁취한 혁명입니다. 프랑스와의 전쟁으로 재정난에 처한 영국 정부가 식민지에 관세를 매기고 통제를 강화하자, 북아메리카 식민지 주민들은 이에 반발해 독립전쟁을 시작했습니다. 미국은 독립선언문을 공포하고 프랑스는 이 전쟁을 도왔습니다. 계속되는 싸움과 고립에 지쳐가던 영국은 1783년 파리 조약을 통해 미국의 독립을 승인했습니다.

독립전쟁으로 탄생한 아메리카 합중국은 민주정치를 도입했습니다. 미국의 독립전쟁은 단순히 식민지의 독립뿐만 아니라 민주주의 혁명의 성격도 갖고 있습니다.

프랑스 혁명

프랑스 국기의 색깔은
왜 파란색·흰색·빨간색일까?

프랑스 국기를 떠올려 봅시다. 파란색·흰색·빨간색 등 세 가지 색깔로 되어 있지요? 파란색은 자유, 흰색은 평등, 빨간색은 박애를 상징합니다. 이 삼색기는 1789년 프랑스 혁명에서 유래됐다고 하는데요, 프랑스 혁명에 대해 알아볼게요.

프랑스 혁명의 근본적인 원인은 앙시앵 레짐(Ancien régime, 구제도)이라 불리는 모순적인 사회 구조에 있었습니다. 왕과 귀족들이 화려한 생활을 누리고 있을 때, 평민들은 매우 비참한 상태에 있었습니다.

당시 프랑스는 성직자·귀족·평민의 세 신분으로 나뉘어 있었습니다. 제1신분인 성직자와 제2신분인 귀족들은 많은 땅을 가졌지만 세금 한 푼 내지 않았습니다. 반면, 인구의 대부분을 차지한 제3신분인 평민들은 무거운 세금을 부담하면서도 정치에는 참여할 수 없었지요. 특히 제3신분을 대표하던 판사, 변호사, 부유한 상인 등 부르주아들의 불만은 하늘을 찌를 정도였습니다. 국민의 권리를 중요시한 루소의 주장에 공감하던 시민들은 북아메리카(미국) 사람들이 영국에 대항해 일으킨 독립전쟁에 자극을 받습니다. 잘못된 제도를 없애고 자유롭고 평등한 사회를 만들어야겠다고 결심한 것이죠.

사치스러운 생활과 계속된 전쟁으로 재정이 파산 직전에 이르자, 당시 왕이었던 루이 16세 Louis XVI는 "귀족들도 세금을 내는 게 어떻겠소?" 하고 제안했습니다. 귀족들이 거세게 반발하자, 루이 16세는 성직자·귀족·평민 대표로 구성된 프랑스의 신분제 의회인 '삼부회三部會'를 소집해 재정 문제를 해결하려 했습니다. 하지만 투표 방식을 둘러싸고 두 특권 신분과 대립하게 된 평민 대표들은 따로 '국민의회'를 결성했습니다. 이에 루이 16세가 국민의회를 무력으로 해산시키려는 움직임을 보이는 가운데, 분노한 시민들은 바스티유 감옥을 습격하면서 혁명의 물꼬를 틉니다.

바스티유 감옥을 습격한 시민들의 모습

파리를 점령한 시민들은 '인권선언문'을 발표해 인간은 자유롭고 평등하며, 나라의 주권은 국민에게 있음을 알렸습니다. 그리고 왕과 귀족들을 보호해 온 불평등하고 불합리한 제도를 하나씩 없애기 시작했습니다. 혁명의 구호로 내걸었던 자유·평등·박애의 이념은 이후 다른 나라로 급속히 전파되었습니다.

영국의 명예혁명, 미국의 독립전쟁, 프랑스 혁명 등 시민혁명은 공통적으로 자유와 평등의 이념을 내세웠습니다. 시민혁명은 인간의 존엄성은 물론 자유와 평등의 이념을 튼튼하게 하고, 입헌주의에 기초한 근대 민주주의를 확립하는 데 기여한 역사적 사건이었습니다.

2월 혁명

러시아 시위대는 어떻게
차르 정부를 무너뜨렸을까?

1917년 차르(러시아의 황제)인 니콜라이 2세Nicholas II가 다스리던 러시아 제국은 제1차 세계대전을 치르며 혼란과 궁핍으로 위태로웠습니다. 병사들은 굶주렸고 보급품도 제대로 받지 못한 채 전선에서 싸워야만 했습니다. 시민들도 기본적인 생필품 부족으로 무척 힘겨웠습니다. 설상가상으로 갑자기 찾아온 혹한과 눈보라로 철도의 운행이 중단되었으며, 식량과 연료가 수도로 배달되지 못해 도시는 붕괴 직전에 다다릅니다. 식량 배급을 위해 줄을 선 시민들에게 돌아온 대답은 "더 이상 배급할 식량이 없다"는 것이었습니다.

1917년 3월 8일, 가난과 굶주림 그리고 차르의 무능함에 분개한 시민들과 노동자들이 반란을 일으켰습니다. 이 사건은 당시 사용했던 러시아 달력인 율리우스력 기준으로 2월 23일에 벌어졌기 때문에 '2월 혁명'이라고 부릅니다. 거리가 시위대의 물결로 뒤덮이자, 군인과 경찰들이 곳곳에 배치되어 무력 진압을 시작했습니다. 하지만 수도의 병사들은 장교들의 시위 진압 명령을 거부하고, 반란을 일으켜 시위대에 합류했습니다. 이후 농민과 노동자, 군인 등 시위 세력은 자신들이 직접 선출한 인물들로 대표자회의를 구성했는데, 이를 '소비에트Soviet'라고 부릅니다.

당시 차르 정부는 북부 전선이나 지방 주둔지로부터 더 많은 부대를 차출해 올 수도 있었습니다. 하지만 해당 부대의 병사들도 폭동에 동참할 가능성이 있었기 때문에 정부로서는 상황을 통제할 만한 수단을 확보하기가 어려웠습니다. 제정 러시아의

1917년 3월 페트로그라드에서 공화국을 지지하는 시위대의 모습

의회였던 두마의 의원들은 황제에게 물러날 것을 촉구했습니다. 결국 니콜라이 2세는 3월 15일 스스로 황제 자리에서 내려옵니다.

황제가 물러난 자리는 임시정부가 대신했습니다. 임시정부를 구성한 것은 반 황제 성향을 지닌 과거 의회 정치인들로, 대지주와 귀족 자본가 등 기득권 세력이었습니다. 하지만 혁명을 주도한 소비에트 세력의 영향력을 무시할 수 없었기 때문에, 러시아는 임시정부와 소비에트 세력이 힘을 나눠 갖는 이중 권력체제가 이루어졌습니다. 2월 혁명으로 새로 들어선 임시정부는 전쟁과 개혁이라는 과제에 직면했습니다. 하지만 임시정부는 적절한 대안을 마련하지 못했고, 민중의 지지와 기대는 점차 실망으로 바뀌어 갔습니다.

볼셰비키 혁명

레닌의 볼셰비키는 어떻게 권력을
장악했을까?

1917년 위태롭고 혼란스러웠던 러시아에 큰 변화를 일으킨 인물이 바로 블라디미르 레닌Vladimir Lenin입니다. 레닌은 과거 사회주의 사상을 주장하다 정치 탄압을 받았고, 당시 스위스에 망명 중이었습니다. 그런 레닌을 지지하는 세력은 급진적이고 폭력적인 사회주의 정치세력인 '볼셰비키(Bolsheviki, 다수파)'였습니다.

레닌은 러시아의 수도 페트로그라드로 향했습니다. 오랜 망명 끝에 고국에 도착한 레닌은 임시정부를 무너뜨리고 계급투쟁을 해야 한다고 주장했습니다. 국민과 정부 사이에 내전을 일으켜 임시정부가 가진 권력을 노동자 세력에게 넘겨줘야 한다는 게 레닌의 생각이었습니다. 레닌은 빵·평화·땅을 약속하면서 민중의 지지를 이끌어내려 했습니다. 이후 볼셰비키와 함께 일으킨 레닌의 첫 봉기는 실패했지만, 시간이 지날수록 임시정부의 입지는 불안해졌습니다. 결국 군대의 지휘체계는 완전히 무너졌고, 정치체제는 신뢰와 영향력을 잃었습니다. 수도권에 살던 민중은 임시정부의 무능함에 분노했습니다. 이를 기회로 여긴 레닌은 볼셰비키 세력을 등에 업고 두 번째 봉기를 준비했습니다.

1917년 11월, 볼셰비키 세력은 군사 쿠데타를 일으켰습니다. 이때 일어난 혁명을 '볼셰비키 혁명' 또는 '10월 혁명'이라고 부릅니다. 계획을 세운 건 레닌이었지만 실질적으로 군대를 조직하고 실행에 옮긴 건 볼셰비키의 일원이었던 트로츠키Leon Trotskii였습니다. 재미있는 사실 중 하나는 혁명이 일어났던 11월 7일이 바로 트로츠

키의 38번째 생일이었다는 점입니다. 혁명군은 러시아의 중앙전신국, 우체국, 전화국, 주요 역을 장악했습니다. 그리고 이튿날 새벽 2시, 러시아 공화국 정부 청사로 쓰고 있던 겨울 궁전을 점령하는 데 성공했습니다. 임시정부는 별다른 저항도 하지 못한 채 권력을 내주었고, 짧은 기간 동안 존속했던 러시아 공화국은 무너졌습니다. 10월 혁명의 성공으로 러시아의 권력은 레닌을 중심으로 한 볼셰비키에게 넘어갔습니다.

블라디미르 레닌

　　제1차 세계대전의 종전을 코앞에 두고 일어난 러시아 혁명은 세계의 역사를 뒤바꿔 놓았습니다. 러시아 혁명은 생산 수단을 소유하지 않고 노동력을 판매해 생활하는 '무산無産 계급'이 일으킨 혁명이었습니다. 여기서 인류 역사상 최초의 공산국가 '소비에트 연방(소련)'이 성립되었습니다. 이후 세계는 자본주의 대 공산주의 이념의 대립 시대로 접어들게 되었습니다.

차티스트 운동

빈부와 성별에 차이를 두지 않는
보통선거제는 어떻게 만들어졌을까?

"재산 유무와 상관없이 우리에게도 투표할 권리를 달라!"

"노동자에게도 투표권을 달라! 투표권을 달라!"

1838년, 영국의 가난한 노동자들이 거리로 쏟아져 나와 투표권을 달라며 목소리를 높였습니다. 노동자들은 자신들의 요구사항을 차트Chart에 정리하고, 거리 곳곳을 돌아다니며 서명을 받았습니다. 어느덧 수많은 인파가 서명에 동참하며 시위대의 물결은 더욱 거세졌습니다. 영국 노동자들은 왜 이런 시위를 한 걸까요?

오늘날은 모든 국민이 주권을 가진 시민으로 인정받지만 과거에는 그렇지 않았습니다. 고대 그리스 아테네에서는 여성과 노예, 외국인을 제외한 성인 남성들을 시민이라 불렀고, 이들에게만 참정권을 주었습니다. 이후 근대 유럽에서는 부르주아들을 시민이라 했습니다. '부르주아'는 비록 평민이지만 일정 수준 이상의 재산을 보유한 자로, 시민혁명 이후 참정권을 인정받았지요. 이처럼 근대에 들어서서 시민이라 부르는 대상의 범위가 넓어졌습니다. 하지만 근대에도 여성·노동자·빈민 등은 시민으로 인정받지도, 참정권을 부여받지도 못했습니다.

'차티스트 운동Chartist Movement'은 1838~1848년에 걸쳐 영국에서 성인 노동자층을 중심으로 일어났던 선거권 획득 운동입니다. 1832년 개정된 영국 선거법은 대부분의 중산층에게 선거권을 부여했지만, 가난한 노동자에게는 선거권을 주지 않았습

1848년 영국 런던에서 열린 차티스트 회의 사진

니다. 하루 14시간에 달하는 강도 높은 노동으로 신음하던 노동자들은 거세게 반발하며 투표권을 주장했습니다.

차티스트 운동은 수백만 명이 서명에 참여하는 등 엄청난 지지자를 모았지만 결국 실패로 끝났습니다. 1839년에는 약 125만 명의 서명을 받은 헌장 청원서를 제출했으나, 의회는 이를 거부하고 지도자들을 체포했습니다. 10여 년 동안 대중의 폭넓은 지지를 받았던 운동은 별다른 성과를 거두지 못했습니다.

하지만 차티스트 운동은 후대의 선거권 확대에 큰 영향을 끼쳤습니다. 이 운동으로 세금을 못 내는 사람들도 선거권을 행사할 수 있게 되었습니다. 그러나 마지막까지도 여성들에게는 선거권을 주지 않으려 했습니다. 영국은 1918년에 21세 이상 남성과 30세 이상 여성에게 선거권을 주었고, 10년 뒤인 1928년에야 비로소 21세 이상 남녀에게 동등한 선거권을 부여했습니다. 차티스트 운동은 오늘날과 같은 보통선거제가 시행되는 밑거름이 되었습니다.

베스트팔렌 조약

유럽에서 최초의 주권 국가는
어떻게 등장했을까?

뉴스를 보면 '국제사회'라는 말이 자주 나옵니다. 그런데 과거에는 오늘날처럼 여러 나라가 서로 교류하고 질서를 형성하는 국제사회의 개념이 없었다는 사실을 아시나요? 중세 유럽은 신을 믿었고, 신의 대리인인 교황의 힘이 강해 국가와 종교가 명확하게 구분되지 않았습니다. 왕이 있더라도 종교의 간섭 없이 독자적으로 주권을 행사하는 국가는 아니었던 것입니다. 오늘날과 같이 영토와 주권을 가진 국가의 개념이 성립되고, 국제질서가 만들어진 데에는 '베스트팔렌 조약Peace of Westfalen'의 영향이 컸습니다.

중세시대에는 '신성로마제국'이 있었는데, 이는 교황의 지배하에 있었던 유럽 국가들을 뜻합니다. 중세 유럽에서는 가톨릭이라는 종교를 중심으로 여러 국가가 묶여 있었던 것입니다. 왕은 존재했지만 대외적·독립적으로 강력한 권력을 행사하지 못했고, 교황의 힘이 훨씬 더 막강했습니다.

유럽에서 가톨릭 교회의 비리와 부패가 심해지자 '종교개혁'이 일어났습니다. 루터Martin Luther의 종교개혁 후 유럽은 가톨릭(구교)과 개신교(신교)를 믿는 지역으로 나뉘었습니다. 하지만 1618년 가톨릭을 믿은 보헤미아의 왕이자 신성로마제국의 황제였던 페르디난트 2세Ferdinand II는 "종교는 가톨릭만 허용한다!"라는 조치를 내렸습니다. 이를 받아들일 수 없었던 보헤미아와 오스트리아의 신교도들이 반란을 일으키며 '독일 30년 전쟁'이 시작되었습니다. 신성로마제국을 비롯한 가톨릭 세력(구교)과 보

베스트팔렌 조약의 일부인 뮌스터 조약의 비준 모습을 묘사한 그림

헤미아를 비롯한 반 가톨릭 연합(신교) 사이에 전쟁이 벌어진 것이지요.

전쟁은 구교와 신교의 종교 갈등으로 시작되었지만, 전쟁이 오랫동안 지속되면서 유럽의 여러 나라가 끼어드는 국제전쟁으로 바뀝니다. 심지어 점점 각자의 영토를 확장하려고 하는 땅따먹기식 싸움이 되었습니다. 30년 동안 다투던 여러 국가들은 결국 전쟁의 종지부를 찍기 위해 '베스트팔렌 조약'을 맺게 되었습니다.

베스트팔렌 조약은 국제사회에서 중요한 의의를 가집니다. 베스트팔렌 조약으로 프랑스·스웨덴·독일 등 전쟁에 참가한 국가 사이에 확실한 국경이 생겼습니다. 영토에 대한 국왕의 주권·외교권·조약체결권도 인정되었죠. 그동안 강력했던 로마 교황의 영향력은 약해지고, 각 국가의 왕권이 강해졌습니다. 베스트팔렌 조약이 체결된 후 유럽 사회에는 주권 국가들이 상호 평등한 주권을 행사하는 국제질서가 형성되었습니다.

국제연맹

제1차 세계대전 후에 등장한 국제연맹은
왜 힘없는 조직이 되었을까?

여러분도 '국제연합UN'이라는 말은 많이 들어보셨죠? 제2차 세계대전 이후 전쟁을 막고 세계 평화를 유지하기 위해 설립된 국제 기구입니다. 그런데 제1차 세계대전이 끝났을 때에도 세계 국가들이 "이제는 평화를 지키자!"라며 세운 국제 평화 기구가 있었는데요, 바로 '국제연맹'입니다.

베스트팔렌 조약 체결 후, 유럽을 중심으로 국제사회의 질서가 형성되었습니다. 그리고 항해술이 발달하면서 다른 대륙에 있는 나라와도 무역을 하게 되었죠. 19세기 후반에는 유럽 열강들이 아시아와 아프리카 대륙의 여러 나라를 식민지로 삼는 '제국주의 정책'을 펼쳤고, 국제사회의 무대가 전 세계로 확대되었습니다. 유럽 열강들의 제국주의 정책은 국가 간 충돌을 일으켰으며, 결국 1914년에는 제1차 세계대전으로 번졌습니다.

1918년 제1차 세계대전이 끝나자, 많은 국가들은 '또다시 전쟁이 일어나 세계 평화가 무너지는 상황을 방지하려면 어떻게 해야 하나?'라는 고민을 하기 시작했습니다. 그 결과, 국가 간의 갈등을 평화적으로 해결하기 위해 국제연맹을 설립했습니다. 스위스 제네바에 본부를 둔 이 국제 기구에 세계 60여 개 나라가 가입했습니다.

하지만 국제연맹은 불과 10여 년 만에 해체 위기를 맞이하게 됩니다. 제1차 세계대전 승전국이었던 미국과 러시아가 기구 창설에 참여하지 않았기 때문이죠. 국제연맹 창설은 미국의 윌슨 대통령의 아이디어였지만, 정작 미국은 의회의 반대로 가입

1936년부터 1946년까지 국제연맹의 본부로 쓰였던 제네바 국제 궁전 ©Yann Forget

하지 않았습니다. 그리고 러시아는 국내 문제로 가입하지 않았고요. 두 강대국이 빠지자, 국제연맹은 이름만 거창할 뿐 힘없는 조직이 되었습니다.

국제연맹은 분쟁을 해결할 군사력이 없었습니다. 연맹의 결정을 반드시 지켜야 하는 것도 아니었기 때문에, 몇몇 회원국이 다시 전쟁을 일으켜도 효과적으로 대응할 수 없었습니다. 당시 독일에서 히틀러가 권력을 잡으면서 전쟁의 위험이 커졌지만, 국제연맹은 제대로 된 힘을 발휘하지 못했죠. 결국 국제연맹은 제2차 세계대전의 발발과 함께 무너졌고, 1946년 정식 해체되었습니다.

홀로코스트

나치 독일은 어떤 과정을 거쳐
유대인을 학살했을까?

한 소녀가 쓴 일기가 2009년 유네스코 세계기록유산으로 등재되었습니다. 도대체 어떤 일기이길래 문화유산으로까지 인정받은 걸까요? 독일 출신의 유대인 소녀 안네 프랑크Anne Frank가 나치를 피해 숨어 지내면서 쓴 『안네의 일기The Diary of a Young Girl Anne Frank』입니다. 안네의 일기는 히틀러Adolf Hitler가 저지른 최악의 범죄, 홀로코스트Holocaust를 생생하게 다루어 그 가치를 인정받았습니다.

1939년 독일의 국가원수였던 히틀러는 제2차 세계대전을 일으키고 수백만 명의 유대인을 학살하는 만행을 저질렀습니다. 독일은 제1차 세계대전 이후 천문학적인 전쟁 보상금과 세계 대공황으로 국가 부도 상태에 처해 있었는데요, 히틀러는 독일이 가난에 고통받는 시기에도 금융업으로 막대한 부를 쌓은 유대인을 '저열한 민족'으로 지목하면서 유대인들을 처단하고 전쟁으로 게르만 민족을 부흥시키자고 주장했습니다.

1939년 독일이 폴란드를 침공하면서 제2차 세계대전이 시작되었습니다. 당시 폴란드를 점령한 독일이 새로 관리하게 된 유대인은 약 200만 명에 이렀습니다. 이때 독일은 유대인을 집단으로 학살하기 시작했습니다. 우선 유대인들을 기존의 거주지에서 쫓아내고 한 곳에 몰아서 살게 하는 '게토Ghetto'가 설치되었습니다. 게토는 학살과 강제 노동을 목적으로 만들어진 곳으로, 환경이 매우 열악해 많은 유대인들이 굶어죽거나 병으로 죽어갔습니다.

1944년 5월 독일이 점령한 폴란드의 아우슈비츠에 도착한 유대인들의 모습. 대부분은 가스실로 보내졌다. 유대인들이 줄무늬 유니폼을 입고 있는 것이 보인다.

1941년 시작된 소련과의 전쟁에서 히틀러와 나치 수뇌부는 전황이 악화되자 위기 의식을 느꼈습니다. 그리고 유대인 분리 정책을 유대인 학살 정책으로 바꿨습니다. 유대인들은 아우슈비츠를 비롯한 폴란드와 동유럽 지역의 수용소로 보내졌으며, 현지의 의사에게 검사를 받았습니다. 건강한 이들은 강제 노동을 해야 했고, 나이가 많거나 병든 자, 혹은 어린이들은 대부분 가스실로 향했습니다. 나치는 가스실에서 한 번에 약 2,000명씩을 학살했습니다. 어떤 이들은 따로 선별돼서 각종 인체 실험을 당해야 했습니다. 결국 1945년까지 대략 600만 명의 유대인이 사망한 것으로 추정됩니다.

히틀러와 나치가 자행한 홀로코스트는 인류 최대의 끔찍한 사건으로 꼽힙니다. 우리가 역사를 공부하는 이유 중 하나는 이와 같은 일들을 깊이 반성하고 재발하지 않게끔 하려는 것입니다. 우리 인류는 모두가 한 가족임을 기억하고, 인간에 대한 존중을 배우는 데 힘을 쏟아야 합니다.

알아 두면
쓸모 있는
1분지식

53일 - 053

국제연합

국제연합은 이전의 국제연맹과
어떤 점이 다를까?

제2차 세계대전이 끝난 후, 다시는 이런 참혹한 전쟁을 되풀이해서는 안 된다는 목소리가 커졌습니다. 제1차 세계대전 후에 국제연맹이 만들어졌지만 결국 제2차 세계대전을 막지는 못했죠.

이런 실패에 대한 반성을 바탕으로, 1945년 10월 24일에 국제연합UN이 만들어졌습니다. 미국 뉴욕에 본부를 둔 국제연합에는 미국과 소련을 비롯해 영국·프랑스·중국 등 승전국이 모두 참여했습니다. 가입국 모두가 참여하는 총회를 최고 기구로 두고, 국제연합군 창설 규정도 마련해 침략 행위에 군사 개입도 가능하도록 했습니다. 국제연합은 이렇게 강화된 권한을 바탕으로 평화를 지켜 주리라는 기대를 받았습니다.

하지만 처음의 기대는 점점 빛이 바래 갔습니다. 세계 최강국인 미국과 소련 사이에 갈등이 없어야만 세계의 평화가 이루어질 수 있었는데, 양국은 제2차 세계대전의 전후 처리에 대한 의견이 달랐습니다. 게다가 소련은 원자폭탄을 독점해 세계 최고의 군사력을 확보하려는 미국을 못마땅하게 여겼습니다.

국제연합은 미국과 소련을 제어할 만큼 강력하지 못했습니다. 오히려 강대국들의 참여와 책임을 강조해 미국·러시아(소련)·중국·영국·프랑스에 '안전보장이사회 상임이사국'이라는 특권까지 주었습니다. 상임이사국들은 아주 강력한 권한인 '안건 거부권veto'을 갖고 있어서, 5개국 중 한 국가가 거부권을 사용하면 안건은 기각되고

국제연합의 조직 개념도

국제연합군도 움직일 수 없도록 되어 있었습니다. 미국과 소련은 거부권을 행사하며 서로를 견제하려 했고, 국제연합도 이들을 중심으로 양분되었습니다. 결국 세계는 자본주의 진영과 사회주의 진영으로 나뉘어 총성 없는 차가운 전쟁, 즉 '냉전'에 돌입하게 되었습니다.

하지만 1950년대와 1960년대를 지나면서 새롭게 독립한 나라들이 국제연합에 다수 가입하면서 강대국의 횡포를 비판하는 목소리도 높아졌습니다. 강대국의 독선이나 각국의 자국 중심주의, 국가 간의 이해관계 충돌 등 어려움 속에서도 국제연합은 인류의 평화와 공존을 모색하기 위해 계속 노력하고 있습니다. 특히 국제연합교육과학문화기구UNESCO, 세계보건기구WHO, 국제노동기구ILO처럼 국제연합 산하의 여러 기구들은 다양한 활동을 통해 협력의 희망을 키워나가고 있습니다.

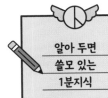

중국의 공산화

중국은 어떻게 사회주의 국가가 되었을까?

우리는 중국을 사회주의 국가라고 하고, 자본주의 국가라고도 하고, 공산주의 국가라고도 합니다. 중국 정부는 정치적으로는 사회주의 체제, 경제적으로는 자본주의 체제를 지향합니다. 중국의 정치는 공산당에 속한 당원들이 나라의 중대사를 전부 결정하는 과두정치입니다. 그렇다면 중국은 어떻게 공산화가 되었을까요?

19세기 청나라는 영국과의 아편 전쟁에서 패배하고 몰락합니다. 이후 주인 없는 중국 대륙은 여러 군벌들이 점령했고, 통일을 두고 다퉜습니다. 당시 중국에서 군벌에 대항하는 세력은 정치가 쑨원孫文을 필두로 한 국민당, 정치가 마오쩌둥毛澤東을 중심으로 한 공산당이 있었는데요, 두 세력은 필요할 때 힘을 합치기도 했지만, 중국 통일을 두고 치열하게 다퉜습니다.

쑨원은 공화정 중화민국을 수립했지만 중국 통일에 실패했습니다. 그리고 군벌에 대항하기 위해 마오쩌둥이 이끄는 공산당과 손을 잡았습니다. 하지만 쑨원이 죽은 후 공산당이 세력을 확대하자, 위기감을 느낀 쑨원의 후계자 장제스蔣介石는 공산당원을 소탕합니다. 쫓기던 공산당은 1931년 중화 소비에트 임시정부를 세우고 저항했지만, 초라한 병력으로 패배하고 후퇴하며 '대장정'을 시작했습니다.

공산당은 1934년 가을 장시성 루이진에서 출발해 1936년 겨울 산시성 옌안에 이르기까지 총 1만 2,000km를 행군했습니다. 처음 대장정에 참여한 공산당원은 10만 명이었으나, 살아남은 사람은 겨우 1만 명 이내일 만큼 여정은 혹독했습니다. 그러나 대장정 중 공산당은 토지개혁 등으로 농촌 지역의 강력한 지지를 얻게 되었습니다. 그 결과, 마오쩌둥은 정치적 기반을 확고히 마련했으며, 이는 훗날 공산주의 혁명을 성공시키는 동력이 되었습니다.

제2차 세계대전이 끝난 후, 장제스와 마오쩌둥은 중국 통일을 두고 승부를 벌였습니다. 마오쩌둥이 이끄는 공산혁명군과 장제스가 이끄는 국민군 세력이 격돌했고, 공산혁명군이 승리를 거뒀습니다. 대장정 이후 민심도 마오쩌둥을 향하고 있었습니다. 장제스와 국민당 지도부는 대만으로 물러납니다.

중국의 정치가 마오쩌둥. 중화인민공화국을 세웠다.

1949년 10월 1일, 마오쩌둥은 베이징 톈안먼광장에서 중화인민공화국의 탄생을 선포했습니다. 오랫동안 외세의 침략에 시달리다가 중국인 스스로 독립된 통일 국가를 이룩한 역사적 사실은 아시아·아프리카 여러 나라의 민족 운동에 큰 영향을 끼쳤습니다. 중화인민공화국의 수립으로 아시아 최대의 사회주의 국가가 탄생하게 되었습니다.

냉전체제의 형성

제2차 세계대전 이후
세계는 왜 냉전으로 치달았을까?

친구들과 맹렬하게 치고받고 싸울 때도 있지만, 서로 침묵하며 찬바람 쌩쌩 날리면서 신경전을 할 때도 있죠? 전쟁도 비슷합니다. 여기저기서 총알이 날아가고 폭탄이 터지는 전쟁이 있는가 하면, 눈에 보이지 않은 긴장과 불안감을 조성하는 전쟁도 있습니다.

제2차 세계대전이 치열한 전면전이었다면, 전쟁이 끝난 이후부터 1990년대까지 미국을 중심으로 하는 자유주의 진영과 소련(소비에트 사회주의 연방국가)을 중심으로 하는 공산주의 진영이 서로 대립하는 양극체제를 '냉전체제'라고 부릅니다. 이렇게 시작된 양쪽 진영의 대립은 총만 안 쏘았지, 마치 전쟁과도 같아서 '냉전Cold war', 일명 차가운 전쟁이라고 불렀습니다.

사실 제2차 세계대전에서 소련과 미국은 같은 연합군이었고, 미국의 루스벨트 Franklin Roosevelt 대통령과 소련의 정치가 스탈린Joseph Stalin의 사이가 좋았던 적도 있었습니다. 문제는 전쟁 뒤처리를 하는 과정에서 사이가 틀어졌고, 국제사회에서 미국과 소련은 세력 다툼을 하게 되었습니다.

이렇게 해서 공산주의를 표방한 소련과 자유민주주의를 내세운 미국이 서로 대립하는 양극체제가 나타났습니다. 소련은 전 세계를 공산화하기 위해 동유럽·중국·유럽 일대의 공산주의 세력을 지원하는 '팽창 정책'을 펼쳤습니다. 이에 질세라 미국도 전쟁으로 피폐해진 유럽에 경제원조를 제공하는 마셜 플랜Marshall Plan으로 소련을 막는 '봉쇄 정책'을 펼쳤죠. 냉전시대에는 경제적 실리보다 정치적 이념이 훨씬 중요했던 것입니다. 이뿐 아니라 미국과 소련은 군사적 우위를 확보하기 위해 경쟁적으로 군비를 확장하고 핵무기를 개발했습니다.

1949~1990년 북대서양 조약 기구와 바르샤바 조약 기구의 관할 지역. 파란색이 자유민주주의, 빨간색이 공산주의 진영이다. ⓒHeitor Carvalho Jorge

냉전이 전개되면서 세계 곳곳에서 두 진영 간의 대립이 나타났습니다. 1949년 독일에서는 미국·영국·프랑스가 서베를린 지역을 통합하자, 동베를린을 점령하고 있던 소련은 서베를린으로 통하는 길을 막았습니다. 베를린 봉쇄는 이듬해 해제되었지만 독일이 동서로 분단되는 계기가 되었고, 1961년에는 독일을 동서로 나누는 베를린 장벽이 설치되었습니다.

1945년 광복을 맞이한 한국은 냉전의 영향을 받아 남북으로 분단되었습니다. 이후 소련의 지원을 받은 북한이 전쟁을 일으켰습니다. 한국전쟁은 미국을 비롯한 유엔군과 중국군이 개입해 국제전의 양상을 보였습니다.

냉전체제의 변화

냉전체제는 어떻게 무너지게 되었을까?

공산주의 진영과 자유민주주의 진영의 양극 구도로 팽팽한 대립과 갈등을 보였던 국제정치는 1960년대에 이르러 화해 국면에 들어섭니다. 1969년 미국의 닉슨 Richard Nixon 대통령은 "아시아에서 벌어지는 내란이나 침략에는 개입하지 않겠다"라는 닉슨 독트린을 선언했습니다. 1973년에는 전쟁 중인 베트남에서 미군을 철수시킵니다. 또한 중국과 소련을 차례로 방문해 두 나라와의 관계 개선에도 나섰습니다.

유럽에서는 소련과 서독이 서로 침략하지 않는다는 불가침 협정을 맺었고, 1973년 동독과 서독이 국제연합에 동시 가입했습니다. 미국과 소련, 유럽 국가들은 헬싱키 협약을 맺어 상호 협력의 기초를 마련했고요. 이와 같이 화해와 평화를 추구하는 국제 분위기가 나타나면서 냉전체제는 점차 완화되었습니다.

또한 국제연합의 안전보장이사회 상임이사국 자격을 갖게 된 중국이 국제사회에서 지위가 높아졌습니다. 이렇게 될 수 있었던 이유는 공산주의 국가였던 중국이 1979년 미국과 수교를 맺었기 때문이죠. 제2차 세계대전의 패전국인 일본도 막강한 경제력을 바탕으로 새롭게 강대국으로 부상했습니다. 중국과 일본의 영향력이 커지자, 국제사회는 미·소 중심의 양극체제에서 다극화체제로 변화합니다. 냉전체제가 무너지기 시작한 것이지요.

결정적으로 냉전시대가 막을 내린 때는 1985년 소련의 공산당 대표가 된 고르바초프 Mikhail Gorbachev가 개방 정책을 추진하면서였습니다. 그의 개방 정책은 많은 동

1985년 제네바에서 첫 번째 정상회담을 가진 미국의 레이건Ronald Wilson Reagan 대통령과 소련의 대표 고르바초프

유럽 국가들이 자유민주주의로 전향하는 데 큰 영향을 미쳤습니다.

이처럼 공산주의 진영이 다원화되고 미국과 소련 사이에서 비동맹 중립 노선을 유지한 제3세계 국가들이 등장하면서 냉전은 더욱 완화되었습니다. 그러던 중 1989년에는 자유민주주의 체제인 서독이 공산주의 체제였던 동독을 흡수하면서 독일이 통일되었고, 소련이 붕괴되며 냉전체제는 막을 내렸습니다. 이를 일컬어 정치학자 프랜시스 후쿠야마Francis Fukuyama는 '역사의 종언'이라고 했습니다. 다만 냉전이 끝난 이후에도 세계 곳곳에서는 여러 가지 이유로 갈등과 분쟁이 계속되어 왔는데, 이는 세계가 함께 해결해야 할 과제로 남아 있습니다.

우주 경쟁

미국과 소련은 왜 우주 개발을 놓고
경쟁했을까?

냉전시대 두 강대국인 미국과 소련은 과학·기술 분야에서도 서로 한 치의 양보 없이 치열하게 경쟁했습니다. 우주 기술은 이런 경쟁 중 특히 중요했습니다. 이는 우주 기술이 군사 분야에 응용되었고 국가의 자존심이 걸린 문제였기 때문입니다. 두 나라는 기술력을 과시하기 위해 경쟁적으로 우주선을 쏘아 올렸습니다. '아폴로 Apollo 11호'라고 들어보셨나요? 1969년 인류 역사상 처음으로 달에 착륙한 미국의 유인 우주선입니다.

우주 경쟁은 소련이 1957년 세계 최초의 인공위성 '스푸트니크Sputnik 1호'를 쏘아 올리면서 시작되었습니다. 인공위성 기술은 다른 나라를 염탐하거나 원하는 지점에 무기를 떨어뜨리는 데 쓰일 수 있기 때문에 중요했습니다. 미국과 소련이 치열한 우주 경쟁을 펼친 결과, 인류의 우주과학 기술은 크게 발전했습니다.

두 나라는 우주 개발에 박차를 가하기 위해 우주정거장을 만들었습니다. 소련은 최초의 우주정거장인 살류트Salyut를 시작으로 우주정거장을 일곱 차례나 띄웠습니다. 이에 자극받은 미국도 스카이랩Skylab이라는 우주정거장을 쏘아 올렸습니다. 이후 1986년 소련은 규모가 좀 더 커지고 수명이 길어진 2세대 우주정거장인 미르Mir를 발사했습니다. 이곳에서 두 명의 우주비행사는 326일 동안이나 머무는 기록을 세웠습니다.

2001년 미르는 역사적 사명을 다하고 태평양으로 사라졌지만, 새로운 우주정거장이 태어났습니다. 바로 국제우주정거장ISS입니다. '국제우주정거장'은 미국과 러시아를 비롯한 16개국이 모인 거대 프로젝트입니다. 이곳에서는 새로운 물질을 합성하거나 효능이 높은 고순도 의약품을 제조하는 한편, 우주 생활이 인체에 미치는 영향을 연구하며 우주의 신비를 밝혀줄 여러 가지 실험을 합니다. 그리고 달이나 화성탐사선이 머물다 갈 임시정거장 구실도 수행할 예정

러시아의 미르 우주정거장

입니다. 국제우주정거장의 탄생은 냉전이 끝나고 우주 협력 시대가 열렸음을 상징합니다.

이제 인류의 우주 개발은 더 이상 국가 간의 경쟁이 아닌 협력과 교류로 이루어지고 있습니다. 막대한 자원과 비용, 최첨단 기술을 요구하는 우주 개발과 탐사는 한 나라가 혼자 감당하기보다는 여러 나라가 힘을 합치는 것이 더 효율적이기 때문입니다. 인도와 미국의 발사체 개발 협력, 일본과 미국의 글로벌 강수량 측정, 호주의 위성지상국 개발, 캐나다의 로봇 팔, 미국과 소련의 유인우주선 협력 등이 그 예입니다. 우리나라의 첫 인공위성과 발사체, 첫 우주비행사도 다른 국가와의 협력으로 이루어졌습니다.

유럽연합

유럽의 경제는
어떻게 통합되었을까?

　제2차 세계대전이 끝난 후 막대한 피해를 입은 유럽은 더는 싸우지 말고 협력해야 한다는 것을 강하게 느꼈습니다. 이러한 상황에서 유럽의 지도자들은 서로 힘을 합쳐 세력을 키우기로 마음먹습니다.

　1951년, 유럽 통합의 첫걸음이라고 할 수 있는 유럽석탄철강공동체ECSC가 탄생했습니다. 이후 ECSC는 참여국들의 교역과 생산을 자유롭게 하면서 유럽의 경제 발전에 크게 기여했습니다. 하지만 이것만으로는 유럽을 하나로 묶을 수 없었습니다. 1950년대 후반에 들어서며 과학 기술이 크게 발전해 항공, 석유화학 등 새로운 산업이 나타났기 때문이지요. "철강과 석탄뿐만 아니라 모든 상품과 서비스가 자유롭게 이동할 수 있도록 유럽 국가들을 하나의 시장처럼 묶어야 한다"는 의견이 많아졌고, 그 결과 1957년 유럽경제공동체EEC가 만들어졌습니다. EEC는 경제 동맹을 통해 유럽 국가들의 결속력을 강화했습니다. 1958년에는 유럽원자력공동체EURATOM를 결성해, 군사적으로 악용될 수 있는 핵에너지를 공동으로 개발·연구해 평화롭게 사용하도록 했습니다.

　유럽 통합이라는 열차는 1967년 ECSC, EEC, EURATOM을 하나로 묶은 '유럽공동체EC'를 출범시켰습니다. 1973년에는 영국을 비롯해 아일랜드·덴마크가 차례로 가입했고, 1995년까지 그리스·포르투갈·스페인 등이 가입했습니다. 유럽공동체의 발전은 여기서 멈추지 않았습니다. 드디어 1993년, 유럽연합EU으로 발전했습니다.

2002년 도입된 유로. 12개 국가 통화를 대체했으며, 이후 7개국이 가입했다.

유럽연합에 속한 모든 나라가 하나의 시장이 된 것입니다.

2002년 유럽연합은 유로화를 도입하면서 새로운 도약을 맞이했습니다. 유럽연합에 속한 나라들이 한 나라처럼 같은 화폐를 쓰기 시작하면서 유럽은 정치·경제·군사적으로 단단한 공동체가 되었습니다. 세계는 유럽의 경제 통합 과정을 주의 깊게 관찰하고 있으며, 유럽의 사례에 자극받아 새로운 지역경제 및 무역공동체들을 세상에 선보이고 있습니다.

이스라엘과 아랍은
왜 끊임없이 싸울까?
_팔레스타인 분쟁

국제 뉴스를 보면 이스라엘과 팔레스타인 간의 분쟁 이야기가 많이 나온다. 유대인과 아랍인들은 왜 계속 싸우는 걸까? 이 분쟁 역사는 아주 오래전으로 거슬러 올라간다.

본래 유대인(이스라엘)은 팔레스타인 지방에 살았지만, 서기 70년 로마와의 전쟁에서 패배하면서 유럽 전역으로 뿔뿔이 흩어지게 되었다. 그 자리는 아랍인(팔레스타인)이 지배하게 되었다. 유대인들은 나라 없이 살면서 오랫동안 차별을 받았고, 자신들의 국가를 세우고 싶은 열망을 품었다. 팔레스타인 지역에 유대인을 위한 국가를 건설하려는 민족주의 운동을 '시오니즘Zionism'이라고 하는데, 시오니즘은 유럽 전역에서 자금을 축적한 유대인들을 팔레스타인 지역으로 돌아오게끔 했다. 특히 제2차 세계대전 중 독일의 유대인 학살로 국제사회의 동정 여론이 커지자 유대인의 팔레스타인 이주는 더욱 증가했고, 전쟁이 끝난 후 더욱 늘어났다.

하지만 유대인의 수가 많아짐에 따라 현지의 아랍인과 유대인 사이의 충돌도 커졌다. 유대인들은 건국을 방해한다며 당시 팔레스타인 지역을 관리하고 있던 영국에 폭탄 테러를 저지르기도 했다. 영국은 유대인의 건국 문제를 국제연합에 넘기고 팔레스타인에서 철수해 버렸다. 국제연합은 미국의 주도 아래 "팔레스타인 영토를 나누어 유대인 국가와 아랍 국가를 각각 수립하고, 성지 예루살렘은 국제연합이 공동 관리한다"는 안을 내놓았다.

이스라엘과 팔레스타인 사이의 장벽. ⓒJustin McIntosh

이 안에 따라 유대인들은 1948년 팔레스타인 지역에 이스라엘을 건국했다. 해당 지역의 아랍인들은 자기 나라에서 내쫓기는 신세가 되었다. 결국 아랍인들의 불만이 폭발했고, 이집트를 비롯한 이웃 아랍국들은 이스라엘을 공격했다. 한편, 아랍 민족주의를 견제하고 이 지역에서 자신들의 영향력을 유지하고자 한 미국과 유럽 국가들은 자국 내의 유대인들이 막대한 무기와 군수품을 이스라엘에 지원하는 것을 도왔다.

미국과 유럽의 지지를 받은 이스라엘은 결국 전쟁에서 승리했고, 애초 할당받았던 영토보다 두 배 이상 넓은 땅을 점령했다. 그 때문에 해당 지역에 살던 아랍인 90만 명은 고향을 떠나 난민이 되어야 했다. 팔레스타인 난민들은 이스라엘에 대한 복수를 다짐했고, 이스라엘을 지원하는 미국과 유럽에 대한 분노도 키웠다.

팔레스타인 분쟁은 석유 문제까지 맞물려 강대국들이 개입하며 문제가 더욱 심각해졌다. 아랍권의 산유국들이 이스라엘을 지지하는 나라에 석유 공급을 중단하면서 이후 1970년대에는 '오일 쇼크'로 세계 경제가 불황과 혼돈에 빠지기도 했다.

팔레스타인 사람들은 팔레스타인해방기구PLO를 중심으로 자치정부를 만들었는데, 최근 이스라엘이 팔레스타인 영토를 계속 침공해 국제적인 비난을 받고 있다. 이스라엘과 아랍권의 분쟁은 현재까지도 진행 중이다.

국제사회 문제,
어떻게 바라보아야 할까?
_현실주의와 자유주의

국제사회의 문제를 바라보는 관점은 다양하다. 각 나라마다 역사적 배경과 이해관계가 다른 만큼, 하나의 사건을 두고도 서로 다른 입장을 보이곤 한다. 이를테면 일제강점기를 바라보는 한국과 일본의 시선, 한국전쟁을 대하는 남북한의 관점, 9·11 테러에 대한 미국과 무슬림의 해석은 명백히 다르다. 직접적인 관련이 없다 할지라도 그들이 사건 당사국과 어떤 관계를 맺고 있는지에 따라 입장이 변하기도 한다. 이처럼 국제사회를 바라보는 관점은 다양하지만, 그 관점은 크게 현실주의, 자유주의로 압축할 수 있다.

'현실주의' 관점은 인간의 본성을 이기적으로 간주하는 데서 출발한 세계관으로, 세상을 매우 비판적으로 바라본다. 현실주의 관점에 따르면 국가도 이기적이며, 이기적인 국가들로 구성된 국제사회 역시 이기적이다. 세상을 각자의 이익을 위해 투쟁하는 약육강식의 정글로 보는 것이다.

이런 세계에서 개별 국가들은 협력하고 조화를 이루어야 할 대상이라기보다 언제든지 안보에 위협이 될 수 있는 잠재적 적국이다. 따라서 국제사회에서 국가의 최우선 목표는 모든 수단을 동원해 살아남는 것이다. 현실주의가 제시하는 평화 유지 방법은 각국이 국제사회에서 힘의 우위를 확보하고, 세력 균형을 이루기 위한 전략

체스는 상대편의 말을 없애서 우위를 점하고 승리를 따내는 힘겨루기 게임이다. 현실주의 관점에서 국제사회는 체스처럼 힘의 우위를 겨루는 것이 중요하다.

으로 동맹을 이용하는 것이다. 하지만 전쟁에 돌입해 승리하기보다는 힘의 균형을 통해 전쟁을 방지하는 데 중점을 두고 있다.

자유주의는 거의 모든 면에서 현실주의와 정반대다. 자유주의는 인간을 이성적인 존재로 본다. 전쟁과 평화에 대한 관점도 현실주의와 다르다. 자유주의는 전쟁이 상대국에 대한 오해에서 비롯되는 예외적 현상이라고 보는 반면, 현실주의는 전쟁을 인간의 이기적 본성으로 말미암은 숙명이라고 여긴다.

자유주의는 국제사회를 '가꿀 수 있는 정원'으로 여기고, 지구촌의 분쟁이 완전히 사라진 것은 아니지만 힘을 모아 적극적으로 노력한다면 평화 실현이 가능하다고 믿는다. 그래서 자유주의가 제시하는 평화 유지 방법은 '집단 안보 전략'이다. 이는 세계질서를 무너뜨리고 평화를 위협하는 국가가 나올 경우, 나머지 국가들이 협력해 국제규범을 만들어 따르거나 국제기구를 설립해 전쟁을 방지하는 전략을 의미한다.

5장

선거제도

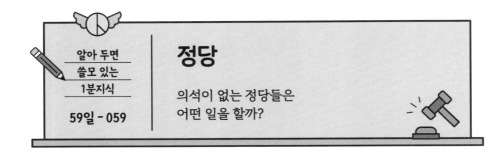

정당

의석이 없는 정당들은 어떤 일을 할까?

세상에 존재하는 사람들은 저마다 생각이 다릅니다. 만일 이 사람들 속에서 자신의 생각을 실현하고자 한다면, 다른 사람들을 설득해서 끌어들여야 하죠. 정치에 대한 생각이 비슷한 사람들이 모여 정권 획득을 위해 만든 단체를 '정당政黨'이라 합니다.

정당이 어떤 일을 하는지 정당법 제2조를 통해 알아볼까요? 정당은 국민의 이익을 위해 책임 있는 정치적 주장이나 정책을 추진하고, 공직선거의 후보자를 추천 또는 지지함으로써 국민의 정치적 의사 형성에 참여하는 것을 목적으로 합니다.

정치는 여럿이 함께할 때 더 큰 영향력을 행사할 수 있습니다. 아무리 좋은 의견이 있다고 해도 혼자 힘으로 뜻을 펼쳐나가기란 어려운 일이지요. 이럴 때 생각과 목적의식이 비슷한 사람들이 힘을 합치면 뜻을 이루기가 쉬워집니다. 우리가 정당을 만들고 참여하는 이유죠. 국회의원이나 정치인들만 정당에 가입할 수 있는 것은 아닙니다. 일반 국민도 뜻이 맞는 정당을 찾아 가입하고 활동할 수 있습니다.

우리나라에는 정당이 몇 개나 있을까요? 2021년 기준 중앙선거관리위원회에 등록된 정당은 총 45개입니다. 국회에 의석을 가진 정당은 더불어민주당·국민의힘·정의당·국민의당·열린민주당·기본소득당·시대전환입니다. 나머지 정당들은 국회 의석이 없습니다. 국회 의석이 많은 정당은 선거에서 공약으로 내세웠던 정책을 무리 없이 추진할 수 있습니다.

그러면 국회에 진출하지 못한 나머지 정당들은 어떤 일을 할까요? 우리나라의 정

우리나라에는 다양한 색깔을 지닌 정당들이 존재한다.

부형태는 대통령제입니다. 가장 강력한 권력을 가진 사람이 대통령입니다. 정책을 효과적으로 추진하기 위해서는 힘이 필요하기 때문에, 정당은 대통령을 배출해 정권을 획득하는 것을 목표로 합니다. 비록 국회에서 의석을 차지하지 못했다 하더라도 많은 정당들이 여전히 꼿꼿이 존재하는 이유죠.

정권을 잡기 위해서는 무엇을 해야 할까요? 우선, 좋은 정책을 많이 만들어야 합니다. 어쩌면 정책 개발보다는 지역 감정을 부추기거나 집권 여당을 공격하는 것이 정권을 잡는 데 유리할지도 모릅니다. 그러나 이런 방향으로 가는 순간, 정당은 더 이상 정당으로 존재하기가 어렵습니다. 정당이란 정치적 의견이 같은 사람들이 좋은 정책을 추진하기 위해 모인 집단이지, 고향이 같은 향우회나 이해관계가 같은 이익 집단은 아니기 때문이죠. 또한 지지 기반을 넓혀야 합니다. 국민은 어떤 정당을 지지 할까요? 국민의 목소리에 귀 기울이고 그것을 정책에 반영하기 위해 노력하는 정당을 지지할 것입니다. 정당이 지지 기반을 넓히는 가장 좋은 방법은 국민의 뜻대로 움직이는 것입니다.

여당과 야당

대통령제와 의원내각제의
여야는 어떻게 다를까?

여당과 야당! 자주 바뀌니까 아마 헷갈릴 겁니다. 심지어 이름조차 비슷하지요. 어떤 차이가 있는 걸까요?

정당은 정치적 의견이 비슷한 사람들끼리 모여서 정치권력을 획득하기 위해 만든 조직입니다. 여당의 여與는 '따르다, 돕다, 같이, 함께'라는 뜻입니다. 정부와 함께한다는 뜻이지요. 대통령제에서는 국회의원 선거 결과와 상관없이 대통령을 배출한 정당을 '여당'이라고 합니다. 정부의 수장인 대통령이 가장 큰 힘을 가진 만큼, 어느 정당에 소속된 인물이 대통령이 되는 것을 "정권을 잡았다"고 말합니다. 여당은 선거에서 지지해 준 국민의 뜻에 따라 정책을 펼치고 국가를 잘 운영해야 할 책임이 있습니다.

야당의 야野는 '들판'이라는 뜻으로 공직의 바깥, 즉 정부의 외부에 있다는 의미를 담고 있습니다. 즉, 현재 정권을 잡고 있지 않은 정당을 '야당'이라고 합니다. 여당을 제외한 나머지 정당들은 모두 야당입니다. 대통령제에서 대통령을 배출한 정당을 여

구분	대통령제	의원내각제
여당	대통령이 속한 정당	다수당
야당	그 외 정당	소수당

국민 앞에서 토론하는 여야 정치인을 묘사한 그림

당이라고 한다면, 의원내각제에서는 의석이 많은 다수당을 여당, 의석이 적은 소수당을 야당이라고 합니다.

그렇다면 야당은 어떤 역할을 할까요? 정부와 여당이 자신들의 권력을 이용해 나라를 마음대로 운영한다면 절대 안 되겠지요? 그래서 야당은 정부가 시행하는 정책을 견제하거나 비판하면서 대안을 제시합니다. 정부와 여당이 잘못하면 언제든 자신들이 대신 정권을 잡을 수 있다고 국민이 믿도록 하는 것이 야당의 역할입니다. 이러한 감시나 견제 기능이 없다면, 정부가 잘못된 방향으로 나아갈 때 걷잡을 수 없기 때문입니다.

대한민국 헌법 제8조 1항에는 "정당의 설립은 자유이며, 복수정당제는 보장된다"고 나와 있습니다. 정당체계는 정당의 수나 규모에 따라 구분할 수 있습니다. 우리나라는 두 개 이상의 정당이 있고, 의회에 여러 정당이 진출해 있는 '복수정당제'를 채택하고 있습니다. 복수정당제는 유권자들의 선택의 폭을 좀 더 넓혀줍니다.

정당제도

정당은 몇 개가 있어야 좋을까?

여러 정당들이 제 역할을 충실히 하며 자유롭게 경쟁할 때, 민주주의가 더욱 발전할 수 있습니다. 복수정당제를 이해하려면 우선 정당제도의 유형을 알아야 합니다.

먼저 일당제―黨制를 볼게요. '일당제'란 말 그대로 정권 획득을 목표로 한 정당이 하나만 있는 것입니다. 또는 정당은 여럿이지만 북한이나 중국처럼 사실상 정권 교체가 불가능하다는 뜻일 수도 있습니다. 북한에서 노동당, 중국에서 공산당 말고 다른 정당이 정권을 잡는다는 건 현실성이 없는 이야기거든요.

우리나라는 헌법 제8조에 따라 복수정당제를 채택하고 있습니다. 국민의 다양한 의견을 반영하기 위함이지요. 복수정당제에는 양당제와 다당제가 있습니다. '양당제'는 사실상 정당 둘이 번갈아 집권하는 체제로, 미국과 영국이 대표적입니다. 미국은 민주당과 공화당이, 영국은 보수당과 노동당이 번갈아 정권을 잡습니다. 반면, '다당제'는 정권 획득을 위해 경쟁할 수 있는 정당이 세 개 이상이라는 뜻입니다. A당이나 B당뿐만 아니라, C당이나 D당도 집권할 수 있다는 뜻입니다.

양당제는 거대한 두 정당이 정권 획득을 위해 경쟁하고 있으므로, 힘없고 약한 정당들이 속속 등장하더라도 정치에 혼선이 빚어질 일이 별로 없습니다. 상대적으로 다당제보다 정국이 안정됩니다. 누가 정치적 책임을 질 것인지 밝히기도 수월합니다. A당이 정치를 잘못했다면 다음 선거에서는 B당으로 정권을 바꾸면 되고, B당이 잘못했다면 다음 선거에서 A당으로 정권이 넘어갈 것입니다. 유권자 입장에서도 A

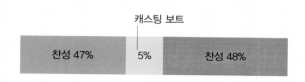

캐스팅 보트를 쥔 당이 어떤 선택을 하느냐에 따라 선거 결과가 달라질 수 있다.

당과 B당 중 하나만 고르면 되니까 후보를 선택하거나 정책의 방향을 판단하기도 쉬울 것입니다.

한편, 다당제는 국민이 선택할 수 있는 폭이 넓습니다. A당이나 B당 중 하나만 택하는 것이 아니라, 여러 정당 중에서 자신의 의사에 맞는 당을 선택할 수 있습니다. 국민의 다양한 의견을 반영하고 소수자의 이익이 반영될 가능성이 높지요.

바로 여기서 캐스팅 보트casting vote라는 개념이 나옵니다. 다당제에서 세력이 비슷한 정당이 세 개일 경우, 만약 A당과 B당이 싸운다면 C당은 이 싸움에 영향을 미칠 수 있을까요? 물론입니다. C당이 누구를 지지하느냐에 따라 결과가 달라질 겁니다. 이를 두고 "C당이 캐스팅 보트를 쥐고 있다"고 말합니다. 캐스팅 보트는 팽팽한 선거에서 승패를 결정짓는 집단 표심을 의미하는 말로 쓰입니다. 즉, 다당제는 정당 간 대립이 발생했을 때, 제3의 정당이 중재할 수 있는 가능성이 큽니다.

언론과 여론

표현의 자유를 왜 헌법으로 보장할까?

우리가 사는 사회는 과거에 비해 매우 복잡하고 다양해졌습니다. 사회가 발전하는 것은 좋은 일이지만, 이전에는 없던 사회 문제가 생기기도 합니다. 특정한 문제로 갈등하는 경우도 많아졌어요. 이때 집단이나 개인 사이에서 대립하는 문제를 '사회적 쟁점'이라고 합니다. 좀 어려워 보이는 단어지만 개념 자체는 간단합니다. 예를 들어 노동자는 물가가 오른 만큼 임금을 올려야 한다고 주장합니다. 반면 고용주는 임금을 올리면 생산 비용이 증가하기 때문에 안 된다고 주장하죠. 여기서 노동자와 고용주를 다투게 만드는 임금 인상 여부가 사회적 쟁점입니다.

사회적 쟁점에 다수의 사람들이 가지는 생각이나 의견이 '여론'입니다. 만약 하나의 사회적 쟁점에 국민 대부분이 비슷한 견해를 가지면 여론이라고 부를 수 있죠. 우리 사회에는 여러 가지 사회적 쟁점이 발생하며, 사람들은 이 쟁점에 대해 자신의 생각이나 주장을 드러냅니다. 각각의 생각과 주장은 다른 사람의 의견과 비교되고 합쳐져서 마침내 하나의 여론으로 발전합니다.

한편 '언론'은 신문사·잡지사·방송국 등 언론기관이 하는 활동을 뜻합니다. 언론은 세상에서 일어나는 여러 가지 사건과 현상을 밝혀 대중에게 알리고, 의견을 더해 논평이나 해설을 합니다. 언론은 사실을 전달하며 사회적 쟁점을 규정하고, 비판을 통해 여론을 형성합니다. 또한 정부와 기업을 감시하고 견제해 권력이 남용되지 않도록 막습니다.

인터넷에서 정치 뉴스를 보고 자신의 생각을 자유롭게 댓글로 남길 수 있는 것도 표현의 자유에 해당한다.

여러분은 학교에서 고쳐야 할 점이나 친구들과 나누고 싶은 의견이 생기면 어떻게 하나요? 학교 게시판이나 SNS에 자신의 생각을 표현하고 댓글을 달며 친구들과 의견을 주고받지요? 이처럼 자신의 의견을 자유롭게 공개하고 다른 사람과 이야기할 수 있는 권리가 바로 '표현의 자유'입니다.

표현의 자유가 보장되어야 누구든지 자신의 의견을 이야기하고 올바른 여론이 형성될 수 있습니다. 우리나라는 헌법 제21조 제1항에서 "모든 국민은 언론·출판의 자유와 집회·결사의 자유를 가진다"라는 조항을 두고 있습니다. 표현의 자유는 건전한 여론 형성의 수단으로 민주정치의 바탕이 됩니다.

이익집단과 시민단체

노동조합과 시민단체는
목적하는 바가 같을까?

코로나19 확산 방지를 위한 사회적 거리두기 조치가 길어지자, 전국자영업자비상대책위원회가 거리로 나섰습니다. 영업시간 제한과 집합금지 조치로 매출에 타격을 입은 자영업자들이 방역지침 개선과 손실보상을 주장한 것이지요. 한편 전국보건의료산업노동조합도 코로나19 관련 인력 부족 문제를 개선해달라며 피켓을 들고 거리로 나섰습니다. 이처럼 자영업자들과 의료진들이 모인 조직을 뭐라고 부를까요? 이익집단이라고 합니다.

'이익집단'이란 구성원 공동의 목표 또는 이익을 위해 조직된 단체로, 이들은 국회 또는 정부와 같은 국가기관에 영향력을 행사합니다. '압력단체'라고 부르기도 합니다.

이익집단의 종류는 매우 다양합니다. 대한변호사협회와 대한의사협회 같은 전문가 집단 역시 자신들의 이익을 관철하기 위해 노력하는 이익집단입니다. 소비자단체는 소비자들이 상거래에서 불이익을 당하지 않도록 힘씁니다. 대부분의 나라에서는 노동조합과 자본가단체를 대표적인 이익집단으로 봅니다. 노동조합은 노동자의 임금과 근로조건을 개선하기 위해 노력하고, 전국경제인연합회는 대기업의 자본가들이 모인 단체입니다.

사회가 다원화되면서 요즘에는 경제·직업·문화 등 이해관계에 따라 새로운 이익집단이 생겨나는 추세입니다. 이익집단은 정당만으로 다양한 이해관계를 아우르기 어렵기 때문에 생겨난 것입니다.

한편, 시민단체는 공익을 위해 존재합니다. 시민단체의 종류는 환경단체, 인권단체, 평화단체, 여성단체 등 매우 다양합니다. 우리 주변에서 자주 볼 수 있는 시민단체는 환경운동연합, YMCA, 시민연대 등이 있습니다.

시민단체는 지역사회의 문제점을 해결하기 위해 활동합니다. 예를 들면 초등학교 근처에 유흥업소가 세워지는 것을 반대하거나 마을 어린이 놀이터 만들기 운동 등을 펼치지요. 지역을 초월해 우리

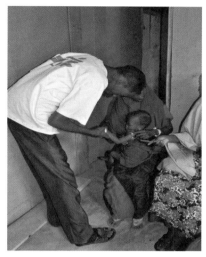

에티오피아에서 영양실조에 걸린 어린이를 검사하는 국경없는의사회 의료진의 모습

가 반드시 짚고 넘어가야 할 사회 문제들을 이슈화하고, 국내뿐만 아니라 전 세계적인 차원에서 활동하기도 합니다. 그린피스, 국제사면위원회, 국경없는의사회, 국제적십자사 등이 대표적입니다.

시민단체는 흔히 비정부기구NGO, Non-Governmental Organization라고도 합니다. 정부에서 지원을 받으면 독립적으로 활동하기 어렵기 때문에, 시민단체는 기업이나 정부로부터 최소한의 지원을 받는 것을 원칙으로 합니다. 실제로 우리나라 대부분의 시민단체들은 최소한의 운영 자금만 보조받습니다.

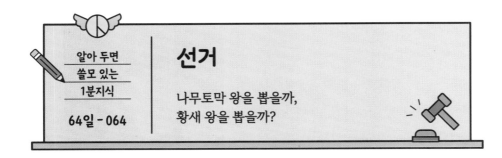

선거

나무토막 왕을 뽑을까,
황새 왕을 뽑을까?

「왕을 원한 개구리들」이라는 이솝 우화를 아시나요? 개구리들은 자유롭게 살았지만, 줄무늬뱀의 위협 때문에 불안하게 살아야 했습니다. 자신들을 지켜줄 대표를 원했던 개구리들은 나무토막 왕을 뽑았습니다. 나무토막 왕은 개구리들을 지켜주고 쉴 곳을 마련해 주었지요. 그런데 개구리들은 아무런 명령도 하지 않고 멋도 없는 나무토막이 마음에 들지 않았습니다. 개구리들은 나무토막 대신 멋지고 힘센 황새를 왕으로 뽑았지만, 행복하지 않았습니다. 왕이 된 황새가 개구리들을 모조리 먹어치웠기 때문입니다.

복잡한 현대 사회에서는 모든 시민이 정책 결정에 참여하기 어려워졌어요. 그래서 오늘날 우리나라를 비롯한 민주주의 국가들은 국민이 선거를 통해 국정을 수행할 대표를 뽑고 있습니다. 학교에서 반장 선거를 치러 학급의 대표를 뽑는 것과 비슷합니다.

선거는 '민주주의의 꽃'이라 불릴 만큼 매우 중요합니다. 국민이 나랏일에 직접 참여하는 대표적인 방법인데다, 선거에서 어떤 사람을 대표로 뽑느냐에 따라 수많은 사람들이 울고 웃고, 나라 전체의 운명과 역사가 달라질 수 있기 때문입니다. 따라서 대표를 뽑을 때는 현명한 선택을 해야 합니다. 황새 왕처럼 자신을 뽑아 준 국민들을 괴롭히는 대표도 있기 때문입니다.

민주주의 국가에서 국민이 자신의 목소리를 대변할 대표를 선출하는 선거는 매우 중요합니다. 대다수 사람들은 평소에 자신이 나라의 주인이라는 생각을 하면서 살지는 않을 거예요. 하지만 선거를 할 때만큼은 주인이라고 생각할 수 있습니다. 내 손으로 직접 내 목소리를 대변할 사람을 뽑음으로써 민주주의의 혜택을 누린다고 생각하는 것이죠. 투표를 하지 않는 것

선거는 시민이 주권을 행사하고 대표의 정당성을 부여한다는 의미를 갖고 있다.

은 단순한 무관심이 아닌 자신의 권리를 저버리는 행동입니다. 나라에서 어떤 일을 하든지 그에 관한 목소리를 낼 수 없다는 뜻이기도 합니다.

국가를 직접 운영할 정도까지 고민하지 않더라도, 우리를 대신해 나랏일을 할 사람을 뽑는 일에는 꼭 관심을 갖고 선거에 참여해야 합니다. 하루 아침에 천국이 만들어질 수는 없잖아요? 선거는 시민에게 주어진 의무이자 권리이고, 좋은 세상은 선거와 같은 정치 참여를 통해 조금씩 만들어가는 것입니다.

선거관리위원회

선거관리위원회는
왜 행정기관이 아닐까?

"대한민국은 민주공화국이다. 대한민국의 주권은 국민에게 있고, 모든 권력
은 국민으로부터 나온다."

대한민국 헌법 제1조의 내용입니다. 그렇다면 대한민국의 모든 권력은 '어떻게' 주인인 우리에게서 나올까요? 바로 민주주의의 꽃인 선거를 통해서죠. 그렇다면 선거는 어떻게 이루어질까요?

우리나라는 선거를 공정하게 관리하는 선거관리위원회를 두고 있습니다. 선거관리위원회는 나라의 모든 선거를 관리하면서 선거가 공정하고 깨끗하게 치러지도록 위법 행위를 예방하고 단속합니다. 정당이나 정치 자금과 관련된 업무도 담당하고. 선거제도와 투표 시스템에 관한 연구도 합니다.

우리나라에 선거관리위원회가 생겨난 때는 1960년대로 거슬러 올라갑니다. 옛날에는 선거 때마다 온갖 부끄러운 일이 벌어졌습니다. 금품을 뿌리고 폭력을 동원하는 불법 선거운동도 만연했습니다. 선거철만 되면 친목회와 동창회를 빙자해 관광을 시켜주고 표를 얻으려 했습니다. 불법선거를 감시하고 올바른 민주주의 의식을 가르치는 곳이 마땅히 없었기 때문이죠. 이제는 선거관리위원회가 제 역할을 다하고 민주주의 의식이 높아지면서 공정한 선거가 자리잡아 가고 있습니다.

여기서 잠깐! 선거관리위원회를 대통령 소속의 행정기관으로 알고 있는 분들도

경기도 과천시에 위치한 대한민국 중앙선거관리위원회

있는데요, 선거관리위원회는 교육부나 국방부와 같은 행정기관이 아닌 헌법기관입니다. 행정부와는 독립된 기관이지요. 실제로 설립 근거가 헌법 제114조 1항에 나와 있답니다. 왜 선거관리위원회를 독립된 헌법기관으로 만들었을까요?

여기에는 슬픈 사연이 있습니다. 우리나라는 이승만 정권이 3·15 부정선거를 저지른 바 있는데요, 민주주의가 훼손된 일에 대한 반성으로 제2공화국부터 중앙선거관리위원회를 헌법기관으로 격상시킨 것입니다. 우리나라 선거는 헌법과 법률에 따라 공정하고 엄격하게 이루어집니다. 선거관리위원회는 그 과정을 감독함으로써 민주주의를 수호합니다.

선거구법정주의

선거구가 왜 불덩이 도마뱀을
닮게 되었을까?

여러분은 학교에서 조별 수업을 할 때 어떻게 조를 나누고 조장을 뽑나요? 책상 배치대로 조를 만들 수도 있고, 학급 번호순을 기준으로 나눠 조를 만들 수도 있습니다. 선거도 이와 비슷합니다. 독립적으로 대표를 선출할 수 있는 단위 구역을 '선거구'라고 부르는데요, 선거구를 정하는 것을 '선거구 획정'이라고 합니다.

'선거구를 그냥 지역별로 나누면 되지 않을까?'라고 생각할 수도 있지만, 실제로는 그렇지 않아요. 하나의 지역이라도 어떤 식으로 나누느냐에 따라 선거 결과가 천차만별이기 때문입니다. 다음 그림을 살펴볼까요?

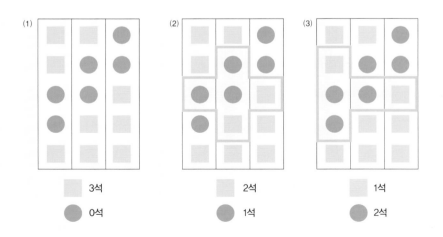

선거구 분할 예시. 선거구를 나누는 방식에 따라 선거 결과가 달라질 수 있다.

15개 구역이 있고 각각의 구역에서 지지하는 정당은 모양과 색깔로 구분합니다. 이곳을 세 개의 선거구로 나눈다고 했을 때, 어떤 구역끼리 묶느냐에 따라 선거의 결과는 완전히 달라집니다. (1)로 나누면 네모 정당이 3석의 의석을 가져가고, (2)로 나누면 네모 정당은 2석, 동그라미 정당은 1석을 가져갑니다. (3)으로 나누면 네모 정당은 1석, 동그라미 정당은 2석을 가져갑니다. 네모 정당은 (1)과 같은 방식을 원할 것이고, 동그라미 정당은 (3)의 방식을 주장할 것입니다. 선거구 획정 과정에서 합의를 거치지 않는다면 끝없는 논쟁이 벌어지겠죠.

이러한 선거구 분할의 마법은 이미 200년 전 미국에서 시작되었습니다. 매사추세츠 주지사 엘브리지 게리Elbridge Gerry는 본인 정당의 입맛에 맞추기 위해 선거구를 뒤죽박죽으로 나눴습니다. 그렇게 만들어진 선거구의 모양이 마치 샐러맨더(Salamandra, 불 속에서 살고 불을 먹는 도마뱀 모양의 괴물)라는 전설 속의 괴물과 비슷해 '게리맨더'라고 불렀습니다. 이후 정치적인 목적으로 선거구를 마음대로 정하는 것을 '게리맨더링Gerrymandering'이라 부르게 되었습니다. 이러한 폐해를 방지하기 위해 법에 따라 선거구를 정하는 것이 '선거구법정주의'입니다. 우리나라는 국회에 선거구 획정위원회를 두고 법에 따라 선거구를 정하고 있습니다.

선거구는 행정구역과 인구 수, 지리적 여건 등을 고려해 획정합니다. 만약 선거구별로 국회의원을 한 명씩 뽑는데, 어떤 선거구는 선거인 수가 100명이고 다른 선거구는 1,000명이라면 어떻게 될까요? 선거인 수가 100명인 곳에서 투표를 한 대한이의 표는 선거인 수가 1,000명인 곳에서 투표를 한 민국이의 표보다 10배 높은 가치를 지니게 되죠. 공정한 선거를 위해서는 표의 가치가 동등해야겠지요? 내가 가진 한 표와 다른 사람이 투표하는 한 표의 가치가 동등하도록 하는 것을 '표의 등가성 원리'라고 합니다.

선거공영제

가난한 후보자가 선거비용을
돌려받으려면 얼마를 득표해야 할까?

선거를 치르는 데는 꽤 많은 비용이 들어갑니다. 선거운동을 하려면 벽보도 붙여야 하고, 교통비도 필요하고, 홍보 현수막도 걸어야 합니다. 그런데 그 많은 돈을 후보 개인이 모두 마련해야 한다면 어떻게 될까요? 돈이 많은 후보는 선거운동을 마음껏 할 수 있고, 가난한 후보는 선거운동을 제대로 할 수 없을 겁니다. 선거비용을 마련하지 못해 훌륭한 사람들이 출마하지 못한다면 국가 전체적으로도 큰 손실이겠지요. 이처럼 경제적인 여유가 없어 선거에 나서지 못하는 사람들이 없도록 국가에서 선거에 필요한 비용을 지원하는 제도가 '선거공영제'입니다.

대한민국 헌법 제116조에는 "선거운동은 각급 선거관리위원회의 관리하에 법률이 정하는 범위 안에서 하되, 균등한 기회가 보장되어야 한다. 선거에 관한 경비는 법률이 정하는 경우를 제외하고는 정당 또는 후보에게 부담시킬 수 없다"라고 명시되어 있습니다. 국민이 경제적 상황과 상관없이 선거에 출마할 수 있도록 기회를 제공하고, 후보들의 선거운동 기회를 고르게 보장하기 위해 국가에서 선거에 필요한 비용을 일부 부담하는 것입니다. 이에 따라 선거사무원의 수당, 홍보 포스터 부착, 합동연설회 비용 등은 국가가 지방자치단체를 통해 지원합니다.

현재 우리나라 선거공영제는 후보가 지출한 선거비용 중 일정 비율을 돌려주는 것으로 정해져 있습니다. 하지만 모든 후보가 선거비용을 돌려받는 것은 아닙니다. 선거비용을 전부 돌려준다면 너무 많은 후보가 나와서 혼란스러울 수 있기 때문입니

선거공영제는 민주주의를 위한 비용 부담으로, 국민은 후보들의 선거비용 지출 내역에 관심을 기울여야 한다.

다. 그래서 중앙선거관리위원회는 선거에 당선되거나 유효 투표 총수의 15% 이상 득표할 때만 지출한 선거비용의 전액을 돌려주며, 10~15% 미만을 득표할 때는 절반을 돌려주고 있습니다. 선거는 국가 책임으로 치른다는 선거공영제의 원칙을 따른 것입니다. 단, 득표율이 10% 미만이면 한 푼도 돌려받을 수 없습니다.

선거의 4대 원칙

차별 없이, 1표씩, 비밀스럽게,
직접 투표하는 이유는?

많은 사람들이 정치에 참여할 수 있는 권리를 얻기 위해 오랫동안 투쟁한 결과, 현대사회는 선거와 관련해 네 가지 원칙을 확립하게 되었습니다. 바로 보통·평등·직접·비밀선거입니다. 이 원칙은 헌법에도 쓰여 있습니다. 이러한 원칙이 지켜져야 공정한 선거가 이루어지기 때문입니다. 이 중 하나라도 지켜지지 않으면 진정한 민주주의 국가라고 할 수 없습니다.

보통선거의 원칙부터 살펴볼까요? 우리나라는 만 18세가 되면 누구나 선거를 할 수 있습니다. 성별·종교·재산·직업·피부색에 상관 없이 누구나 자신의 한 표를 행사할 수 있는데요. 이것이 '보통선거'입니다. 우리나라는 1948년 5·10 총선 때부터 보통선거를 실시했습니다. 이는 우리나라 최초의 선거였는데요, 첫 선거부터 모든 성인이 투표권을 갖는 것은 매우 특별한 일이었습니다. 그때부터 지금까지 우리나라는 보통선거의 원칙을 지키고 있습니다.

선거권은 누구나 공평하게 한 표씩 행사할 수 있습니다. 이것을 '평등선거'라고 합니다. 모든 사람에게 한 표씩 준다는 것은 선거에서 한 표의 가치가 동등하다는 뜻입니다. 예를 들어 어떤 학급에서 반장을 선출할 때, 그 학급의 학생이라면 누구나 선거에 참여할 수 있는 것이 보통선거입니다. 공부를 잘하든 못하든 누구나 한 표씩 투표할 수 있고, 두 표 이상 가질 수 없다는 것은 평등선거입니다. 평등선거는 모든 국민이 똑같은 가치의 선거권을 갖는 것을 뜻합니다.

비밀선거를 보장하기 위해 가림막을 설치한 투표소의 모습

'직접선거'란 자신이 원하는 후보에게 직접 투표하는 원칙입니다. 다른 사람의 투표권을 누군가 대신 행사해서는 안 된다는 거죠. 투표는 유권자가 지정된 투표소에 직접 가서 해야 합니다. 다른 사람이 대신 투표할 경우 부정선거와 같은 문제가 생길 수 있기 때문입니다.

'비밀선거'는 투표한 사람이 어느 후보를 선택했는지 비밀이 보장되어야 한다는 원칙입니다. 만약 어떤 후보를 뽑았는지 밝혀야 한다면 자신이 원하는 사람에게 표를 던지기가 어렵지요. 예를 들어 학교에서 반장 선거를 하는데, 가장 친한 친구가 후보로 나왔다고 해도 그 친구보다 더 반장 역할을 잘할 후보가 있다면 그 후보를 뽑을 수도 있습니다. 그런데 친구가 이 사실을 알게 되면 서운해할 수 있겠지요. 혹은 성격이 거칠고 힘이 센 후보가 자신을 뽑지 않는 사람들을 괴롭힐 수도 있고요. 그래서 비밀선거는 꼭 필요합니다.

세계 이색 선거제도

기권 방지를 위해
대리 투표를 허용한다고?

선거의 4대 원칙은 보통선거·직접선거·평등선거·비밀선거입니다. 하지만 각 나라별로 선거 참여를 독려하기 위해 색다른 제도를 운영하기도 합니다. 세계의 독특한 선거제도에 대해 알아볼까요?

누구나 평등하게 한 표씩 갖습니다. 하지만 네덜란드는 조금 다릅니다. 네덜란드는 대리인 투표 제도가 있거든요. 한 명이 최대 두 명까지 대신 투표할 수 있고, 투표권을 대리할 때 후보자 선택권까지 모두 넘겨받습니다. 그래서 본인 표를 포함해 최대 세 표까지 행사할 수 있죠. 사실 대리인 투표는 선거의 4대 원칙 중 하나인 평등선거에 위배됩니다. 하지만 네덜란드는 유권자들이 기권하지 않고, 선거에 더 많이 참여해 관심을 가질 수 있도록 대리인 투표 제도를 만들었다고 합니다.

필리핀에서는 손톱만 보면 투표 여부를 알 수 있습니다. 투표 마지막 과정에서 파란 잉크를 손톱에 묻히는데요, 두 번 이상 투표하는 것을 방지하기 위해 손톱에 잘 지워지지 않는 잉크를 묻히는 것입니다. 이 잉크는 지워지는 데 2~3일 정도 걸리기 때문에, 손톱을 보면 투표를 했는지 안 했는지 바로 알 수 있습니다.

우리나라에서는 투표할 때 선거관리위원회에서 제공한 도장을 써야 합니다. 반면 일본의 참의원 선거는 투표용지에 지지하는 후보와 정당의 이름을 직접 적습니다. 이를 '자서自書식 투표'라고 합니다. 자서식 투표는 개표 시간이 길고 비용이 많이 들며, 문맹자는 투표를 할 수 없고 필적이 남아 비밀투표가 지켜지지 않을 수 있다는 단점이 있습니다. 하지만 일본은 문맹률이 1% 미만으로 낮고 부정선거를 방지할 수 있으며, 자신이 지지하는 후보 이름을 직접 손으로 쓰면서 정치에 대한 관심을 높일 수 있다는 이유로 자서식 투표를 고수하고 있습니다. 간편하게 도장을 찍는 대신 이름을 써야 하니, 후보자는 자신의 이름을 알리기 위해 더 열심히 유세하고, 유권자도 더 관심있게 정책을 살펴본다고 합니다.

우리나라 선거에서 사용하는 투표 도장의 날인 문양은 점복 (卜)으로. 유권자가 후보를 판단하고 점쳐 찍는다는 의미를 담고 있다.

한편, 세계에서 첫 번째로 온라인 투표를 한 나라는 에스토니아입니다. 물론 100% 온라인 선거 시스템으로만 진행한 것은 아니고, 오프라인 선거와 함께 실시했습니다. 1991년 소련에서 독립한 에스토니아는 2002년 세계 최초로 국민에게 전자 신분증을 발급했기에, 2005년 10월 지방선거에서 온라인 투표를 순조롭게 할 수 있었습니다. 당시 전체 투표자의 1.9%인 9,317명이 인터넷을 통해 투표했습니다.

최초의 선거

우리나라 최초의
민주 선거는 언제였을까?

전 세계에서 '최초'로 실시된 선거는 무엇일까요? 문헌으로 남겨진 가장 오래된 선거는 고대 그리스 아테네의 도편추방제입니다. 도자기 조각에 독재를 할 우려가 있는 사람의 이름을 써서 투표하는 형태였죠. 세계 최초로 여성에게 투표권을 부여한 나라는 뉴질랜드였습니다. 뉴질랜드는 1893년 선거법 개정으로 뉴질랜드의 모든 여성에게 투표권을 부여했습니다.

우리나라는 언제부터 민주적인 방식으로 공직자들을 선출했을까요? 바로 1948년 5월 10일에 있었던 제헌 국회의원 선거입니다. 대한민국 최초의 국회의원 선거이자 민주 선거였지요. 제헌 국회의원은 현재와는 달리 2년이라는 짧은 임기를 가지고 있었습니다. 이 제헌 국회의원 선거의 유권자는 784만 871명이었는데 투표자는 748만 7,649명이라는 놀라운 수치를 기록했고, 투표율은 95.5%에 달했습니다. 특히 강원도에서는 유권자 46만 7,554명 중 45만 9,038명이 투표해 98.2%라는 압도적인 투표율을 기록했습니다.

제헌 국회의원 선거는 우리나라에서 최초로 이루어진 선거이자, 남녀 모두 평등하게 누릴 수 있는 투표권을 제공했다는 점에서 큰 의의가 있습니다. 다른 나라에서 여성 투표권 획득을 위해 많은 투쟁이 있었고, 우리나라의 가부장적인 문화가 얼마나 견고했는지 떠올려보면 상당히 혁신적이었다고 평가할 수 있습니다.

그리고 제헌 국회의원들이 모여 간선제로 치른 우리나라 최초의 대통령 선거가

1948년 5월 10일 총선을 홍보하는 벽보 ⓒ국립민속박물관

1948년 7월 20일에 실시한 초대 대통령과 부통령 선거입니다. 초대 대통령은 이승만, 부통령은 이시영이 당선되었고, 드디어 대한민국이라는 나라가 세워졌지요.

우리나라 최초의 지방선거는 1952년 4월 25일에 치러졌습니다. 제1회 지방선거에서는 무투표 당선(후보가 한 명밖에 없을 때 그 후보를 당선 처리하는 것)이 매우 많았는데요, 후보가 한 명만 나와서 그 사람이 자동 당선 처리되었기 때문입니다. 전라남도의 경우 전체 당선자 중 63%가 무투표로 당선되었습니다. 반면, 경상북도와 충청북도의 경우에는 전체 당선자 중 3, 4%만이 무투표로 당선될 만큼 치열했습니다.

만18세 선거권

청소년은 투표하기에 아직
어린 나이일까?

우리나라에서 만 18세는 결혼할 수 있고, 군대에 입대할 수 있으며, 운전면허를 따고, 9급 공무원 시험에 응시하고, 법정대리인 없이 여권과 신용카드도 발급할 수 있습니다. 그런데 지금까지 딱 하나 할 수 없었던 것이 있는데요, 바로 선거였습니다. 2019년까지 우리나라는 만 19세 이상만 투표를 할 수 있었습니다.

세계의 여러 국가에서는 청소년이 정치의 중요성을 깨닫고 참여할 수 있도록 투표권을 보장했으며, 이는 세계의 보편적 흐름이었습니다. OECD 국가 36개국 중 대한민국을 제외한 모든 국가에서 18세 이상 선거권을 인정하고 있었죠.

우리나라는 2019년 12월 공직선거법 개정으로 선거에 참여할 수 있는 연령이 만 18세 이상으로 확대되었습니다. 만 18세인 고3 학생도 선거에 참여할 수 있게 된 것이죠. 선거권 연령 하향으로 청소년들이 자연스럽게 정치에 대해 생각할 기회가 만들어졌습니다. 또한 미래세대의 입장을 대변하고, 미래세대를 위해 긍정적인 정책이 마련될 확률이 높아졌습니다. 투표는 자신의 의견을 반영할 수 있는 강력한 행위로, 대한민국 국민이라면 당연히 갖는 권리이자 의무이기에 만 18세 선거권이 갖는 의미는 매우 특별합니다.

선거 연령이 낮아지면서 2020년 4월 총선에 새로 유입된 만 18세 이상 유권자 수는 55만 명가량으로 밝혀졌습니다. 2002년 제16대 대통령 선거에서 1위와 2위의 표차가 57만 표, 1997년 제15대 대통령 선거에서 1위와 2위의 표차가 39만 표였던 것을 떠올려보면 충분히 승패를 가를 수 있는 수입니다.

19살에 독일 의회의 최연소 국회의원이 된 안나 뤼어만

일각에서는 청소년이 합리적이고 이성적인 선택을 하기에는 아직 어리다고 하지만, 과거에 비해 사회 수준과 시민 성숙도가 높아졌습니다. 4·19 혁명과 5·18 민주화 운동, 2016년 촛불집회 등의 역사를 거치며 청소년이 우리 사회의 변화를 이끄는 주역이라는 사실도 입증되었습니다.

앞으로의 시대는 미래세대가 이끌어야 합니다. 독일에서는 19세의 안나 뤼어만Anna Lührmann이 최연소 국회의원으로 당선되었고, 미국에서는 19세의 제이슨 네츠키Jason Nastke가 시장으로 당선되었습니다. 그동안 기성세대가 청소년이 살아갈 미래에 너무 많은 영향력을 행사했는지도 모릅니다.

선거구제

한 선거구에서 몇 명의 대표를
뽑는 것이 좋을까?

선거를 할 때는 단위별로 대표를 몇 명씩 뽑을지 먼저 정해야 합니다. 한 학급에서 반장은 한 명, 부반장은 두 명을 뽑는 것처럼 말이지요. 이것이 바로 선거구입니다. 일반적으로 선거구는 하나의 지역 단위가 될 수 있습니다. 서울시장을 뽑는다면 서울특별시가 선거구가 되고, 대통령을 뽑는다면 대한민국 전체가 선거구가 되겠지요? 이처럼 선거구를 획정한다는 것은 선거구를 자르고 정한다는 뜻입니다.

선거구의 종류는 한 선거구에서 선출하는 의원의 정수를 기준으로 나눕니다. 우리나라의 국회의원 선거나 미국 의회 선거처럼 한 선거구에서 한 명의 의원을 뽑는 방식이 있고, 이스라엘 의회 선거처럼 전국을 하나의 선거구로 해서 전체 의원을 뽑는 방식에 이르기까지 매우 다양합니다. 선거구제는 한 선거구에서 한 명의 의원을 선출하는 '소선거구제'와 두 명 이상을 선출하는 '중·대선거구제'로 나뉩니다.

소선거구제는 한 선거구에서 대표를 한 명만 뽑기 때문에 가장 많은 표를 얻은 사람이 당선됩니다. 그런데 유권자들은 자신의 표가 사표死票, 즉 죽은 표가 되지 않길 바라는 심리가 있어요. 가급적이면 당선될 가능성이 높은 사람에게 표를 던지는 경향이 있으므로, 소선거구제는 국회에서 의석을 많이 차지하는 다수당이 유리합니다. 소선거구제에서 나타나는 정당제도는 양당제일 가능성이 높습니다.

소선거구제는 선거구 하나의 크기가 작아 선거관리위원회가 관리하기 쉽고, 후보 입장에서 선거비용이 적게 듭니다. 또한 유권자와 후보 사이의 친밀도가 높고, 1등

영국 하원의원의 사무실. 일반적으로 선거구제 대표는 해당 선거구에 사무실을 두고 있다.

만 당선되는 선거구제인 만큼 자신감 넘치는 사람만 출마하게 되어 후보 수가 적습니다. 그 때문에 후보를 파악하기 쉬운 반면, 사표가 많이 발생한다는 단점이 있습니다. 출마한 후보 중에 지역적 인물과 전국적 인물이 있을 경우, 그 지역에서 오랫동안 터를 닦으면서 인지도를 굳힌 인물이 당선에 더 유리합니다.

반면, 중·대선거구제는 한 선거구에서 두 명 이상의 대표를 뽑는 선거구제입니다. 예를 들어 한 선거구에서 다섯 명의 대표를 뽑는다면 5등 안에만 들면 당선되니까 후보가 많이 나올 것입니다. 많은 후보들이 나오는 만큼 선거관리위원회가 관리하기 어렵고, 선거비용도 많이 들겠지요. 선거구가 큰 만큼 전국적 후보가 당선될 가능성이 높습니다. 후보가 너무 많아 누가 나오는지 유권자가 잘 모르게 되어 자칫 선거에 대한 관심이 떨어질 수 있습니다. 하지만 국민의 뜻이 고루 반영될 수 있고, 소수당의 국회 진출이 용이해 다당제 형성에 기여할 수 있으며, 사표가 줄어듭니다.

대표자 결정 방식

국민의 뜻을 제대로 반영하려면
대표를 어떻게 뽑아야 할까?

 우리나라에는 수많은 국민이 살고 있고, 저마다 생각이 다릅니다. 그래서 정치에서 국민의 뜻을 잘 반영하려면 대표를 선출하는 제도를 잘 다듬어야 하지요. 우리나라는 다수대표제와 소수대표제, 비례대표제, 직능대표제 등 다양한 대표자 결정 방식을 두고 있습니다. 조금 까다로워 보이지만 뜻은 복잡하지 않으니 천천히 따라가 봅시다.

 '다수대표제'는 말 그대로 최다 득표자 한 명만 대표로 뽑는 제도입니다. 여기에는 두 가지 방식이 있는데요, 상대다수대표제와 절대다수대표제입니다. '상대다수대표제' 역시 가장 많은 표를 얻은 후보가 당선되는 방식이에요. 1등이 2등보다 한 표라도 더 얻으면 당선되는 거죠. 그런데 1등이 25%의 지지로 당선됐다고 가정해 볼게요. 그렇다면 이 후보를 지지하지 않는 국민이 75%나 될 텐데, 과연 그 사람이 그 지역을 대표할 만한 사람인지 의문이 생기겠지요?

 이런 문제를 보완하기 위해 만든 제도가 '절대다수대표제'입니다. 후보가 반드시 과반수의 표를 얻어야 당선으로 인정하는 제도이지요. 그런데 다수의 후보가 나온 선거에서 과반수의 표를 얻기란 하늘의 별 따기처럼 힘든 일입니다. 따라서 1등의 표가 과반수가 안 될 경우, 1등과 2등 후보를 놓고 다시 투표합니다. 이를 '결선투표'라 합니다. 2명만 놓고 투표하니 1등은 당연히 과반의 표를 차지하겠지요. 이처럼 상대다수대표제는 당선자를 결정하기 쉽지만 사표가 나올 가능성이 높고, 절대다수대

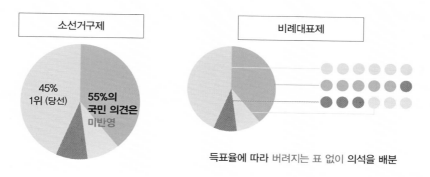

| 소선거구제 | 비례대표제 |

45%
1위 (당선)

55%의
국민 의견은
미반영

득표율에 따라 버려지는 표 없이 **의석을 배분**

비례대표제는 소선거구제에서 사표가 많이 나오는 문제를 해소하기 위해 등장한 제도다.

표제는 당선자 결정은 어렵지만 당선자의 대표성이 높다는 장점이 있습니다.

소수대표제를 볼까요? '소수대표제'는 소수의 표를 얻어도 대표가 될 수 있는 제도입니다. 예를 들어 한 선거구에서 네 명을 뽑는다면 득표순으로 1등부터 4등까지 당선되겠죠. 꼭 1등이 아니어도 득표순에 따라 당선이 가능하다는 뜻입니다. 소수대표제는 최대 득표자뿐만 아니라 2~4등의 후보도 대표로 선출되므로, 중·대선거구제와 밀접한 관련이 있습니다.

'비례대표제'는 각 정당이 얻은 득표율에 비례해 대표를 뽑는 제도로, 다수대표제와 소수대표제, 소선거구제와 중·대선거구제의 단점을 보완하기 위해 만든 제도입니다. 소선거구제는 사표가 많이 나오고, 소선거구제보다는 적지만 중·대선거구제에서도 사표가 발생합니다. 따라서 비례대표제는 선거에서 국민의 의사가 제대로 반영되도록 만든 제도라고 볼 수 있습니다.

'직능대표제'는 직업별로 대표를 뽑는 제도로 국회의원의 전문성을 높일 수 있습니다. 그런데 직업군을 구분하는 것이 어렵고, 사회 기여도가 높은 직업군이 다른 직업군과 같이 한 명의 대표를 갖는 것이 부당하다고 보일 수 있어서 많이 쓰이지는 않습니다.

정당명부식 비례대표제

국회의원 선거는
왜 투표용지가 두 장일까?

우리나라는 2004년 제17대 총선부터 1인 2표제로, 후보 투표와 정당 투표를 따로 하고 있습니다. 이를 '정당명부식 비례대표제'라고 합니다. 국회의원 선거를 하러 투표소에 가면 투표용지를 두 장씩 줍니다. 한 장은 지역구 의원을 뽑는 것이고, 나머지 한 장은 비례대표, 즉 전국구 의원을 뽑기 위해 정당에 투표하는 것입니다.

지역구 의원과 비례대표 전국구 의원을 뽑는 투표용지

정당명부식 비례대표제는 각 정당이 자기 당 후보의 명부를 유권자들에게 주고, 유권자들은 정당에 투표합니다. 그리고 각 정당이 얻은 득표의 비율에 따라 의석을 분배합니다. 정당이 명부를 제시하고, 국민이 정당에 투표하는 것이 특징이지요.

　　이러한 비례대표제의 장점은 어떤 것이 있을까요? 첫째, 선출된 의원들의 대표성과 민주성이 큽니다. 비례대표제에 따라 의회를 구성하면 정당에 대한 유권자들의 지지와 최대한 비슷하게 의회를 구성할 수 있습니다. 예를 들어 A당이 비례대표 선거에서 20%만큼의 지지를 얻었다면 20%에 해당하는 자리만 받을 것이고, 60%만큼의 지지를 얻었다면 60%에 해당하는 자리를 받을 것입니다. 즉, 정당의 득표율과 의석점유율을 일치시켜서 유권자의 의사를 정확하게 반영할 수 있습니다.

　　둘째, 비례대표제는 소수 정당에도 비교적 공평하게 대표가 될 기회를 부여할 수 있습니다. 소수·다수대표제(특히 소수대표제)에서는 작은 정당의 후보들이 큰 정당의 후보에 비해 상대적으로 당선될 가능성이 낮습니다. 그런데 비례대표제를 실시하면 유권자들의 표를 모두 합한 비율을 통해 의회의 의석을 배분합니다. 따라서 작은 정당의 후보도 국민의 대표가 될 수 있습니다. 작은 정당에 투표한 유권자들의 표도 대표를 선출하는 데 기여할 수 있어 사표를 줄일 수 있습니다. 이처럼 비례대표제는 작은 정당의 후보들도 대표가 될 수 있는 기회를 제공하고, 사표의 발생을 줄여 유권자들의 의사를 의석에 정확하게 반영할 수 있습니다.

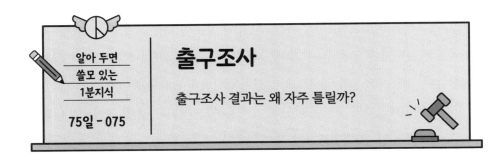

알아 두면
쏠모 있는
1분지식

75일 - 075

출구조사

출구조사 결과는 왜 자주 틀릴까?

 국회의원 선거나 대통령 선거가 있는 날, 방송사에서 투표 시간이 끝나자마자 "○○ 후보가 당선될 가능성이 높다"고 발표하는 것을 본 적이 있을 겁니다. 아직 개표를 시작하지도 않았는데 방송사들은 어떻게 투표 결과를 예측하는 걸까요? 바로 출구조사 덕분입니다.

 '출구조사'란 투표소에서 투표를 마치고 나오는 사람들에게 설문지를 돌려 누구를 선택했는지 묻는 작업입니다. 본래는 누구든지 선거일 투표 마감 시각까지 선거인이 투표한 후보의 이름이나 정당을 물어볼 수 없습니다. 다만 TV, 라디오 방송국과 일간신문사는 투표소로부터 50m 떨어진 곳에서 투표의 비밀이 침해되지 않는 방법으로 질문할 수 있습니다. 출구조사원이 유권자에게 양해를 구한 후 설문지를 주고, 유권자가 설문지를 작성하는 동안 조사원은 고개를 돌려 비밀을 보장하는 것입니다. 출구조사 결과는 개표가 시작된 이후에 발표할 수 있습니다. 우리나라는 지난 2000년 4월 13일 치러진 국회의원 선거부터 출구조사를 허용했습니다.

 물론 출구조사 결과가 실제 선거 결과와 항상 일치하지는 않습니다. 투표에 참여한 모든 사람에게 일일이 물어볼 수도 없고, 가끔씩 거짓으로 답하는 사람도 있기 때문입니다. 선거 전의 여론조사와 출구조사에서는 당선 확률이 높았던 후보가 실제 개표 후 낙선하는 경우도 있습니다. 이것을 '브래들리 효과Bradley effect'라고 부릅니다. 1982년 미국의 캘리포니아 주지사 선거에서 민주당 후보 토머스 브래들리Thomas

출구조사가 끝나면 언론에서는 연령, 성별로 지지율을 분류해 심층적으로 표심을 분석한다.

Bradley가 공화당 후보 조지 듀크미지언George Deukmejian과 경합했는데요, 투표일 전까지의 여론조사에서는 브래들리 후보가 크게 앞섰지만 실제 투표에서는 진 것에서 유래되었습니다.

이러한 현상은 1989년 더글러스 와일더Douglas Wilder 전 버지니아 주지사와 데이비드 딘킨스David Dinkins 전 뉴욕지사 선거에도 나타나 와일더 효과Wilder effect, 딘킨스 효과Dinkins effect라고도 불립니다. 출구조사 결과와 실제 선거 결과가 달랐던 이유는 무엇일까요? 인종 편견을 금기로 하는 사회 분위기로 인해, 백인 유권자들이 출구조사에서 흑인 후보를 지지한다고 거짓으로 답한 점을 들 수 있습니다.

2016년 미국 대선에서도 선거 직전까지 미국의 언론기관과 예측기관은 힐러리 클린턴Hillary Clinton의 승리를 예상했습니다. 하지만 개표가 시작되자 분위기가 급변해 도널드 트럼프Donald Trump가 당선되었지요. 여기서도 브래들리 효과가 나타났다고 할 수 있습니다. 출구조사 결과는 경쟁이 심하지 않은 선거구에서는 대체로 잘 맞지만, 경쟁이 치열한 선거구에서는 정확도가 떨어지는 편입니다.

정당의 후보,
국민이 직접 선출할 수 있다?
_ 국민참여경선제

어떤 정당에 속한 사람이 대통령이 되고 싶다면, 정당에서 실시하는 후보 선발 대회인 당내 경선을 거쳐야 한다. 보통 당내 경선에 참여하는 후보는 당에서 결정하지만, 당원이 아닌 일반 국민이 선거인단에 참여해 후보를 결정할 수도 있다.

'국민참여경선제Open Primary'란 일반 유권자들의 투표에 따라 정당의 후보를 결정하는 제도로, 전국 각지를 순회하면서 진행된다. 이는 정당의 후보자를 선출할 수 있는 권리를 당원으로 제한하지 않고 모든 국민에게 개방하는 선거 방식인데, 모든 유권자는 자신의 당적에 상관없이 투표권을 받는다. 정당의 당원뿐만 아니라 일반 국민도 후보를 선출하는 과정에 참여할 수 있어 민주적이다. 우리나라에서는 2002년 제16대 대통령 선거 당시 처음으로 새천년민주당이 도입했고, 이를 통해 노무현 후보를 선출했다.

대통령 후보뿐만 아니라 한 지역의 국회의원 후보를 뽑을 때도 국민참여경선제를 활용한다. 국회의원 선거에서 당의 후보를 뽑는 것을 '공천'이라고 하는데, 과거에는 당의 최고 실력자인 당 총재가 직접 후보를 선정하는 경우가 많았다. 그러나 비밀리에 공천을 하기도 해서 국민의 원성을 샀다. 국민참여경선제는 기존 정치세력의 영향력을 줄이고, 일반 국민이 선호하는 인물을 후보로 삼는 데 좀 더 유리하다.

2020년 미국 뉴햄프셔 주에서 대통령 경선 후보를 선택하는 유권자들의 모습

한편, 국민참여경선제의 단점도 있다. 선거의 규모가 커지기 때문에 더 많은 비용이 든다. 정당의 공천은 정당 고유의 권한이자 책임인데, 유권자가 투표를 통해 후보를 정하도록 해서 국민에게 책임을 넘기는 것처럼 비칠 수도 있다. 또 상대 정당의 후보 선출을 교란하고자 악의적으로 투표에 참여하는 사람이 있을 수도 있다. 이러한 문제를 막기 위해 일반 국민의 참여 비율에 제한을 두는 경우도 있다. 예를 들면 당원 50%, 일반 국민 50%로 비율을 정해 두는 것이다.

최근에는 참여민주주의 시대에 걸맞게 주요 정당에서 국민참여경선제를 채택하고 있다. 많은 사람들이 국민참여경선제를 통해 후보를 선출하는 과정에 참여한다면, 이후 치러지는 선거에 대해서도 국민의 관심을 더 높일 수 있을 것이다.

왜 세대별로 정치 성향이 다를까?
_유행어 속 정치와 세대 갈등

　　최근 미국의 청년세대를 중심으로 "오케이, 부머OK, Boomer"라는 말이 유행하고 있다. 여기서 부머(베이비부머)는 1955~1963년에 태어난 기성세대를 가리킨다. 우리말로 "알았으니까 그만하세요"라는 의미를 가진 이 말은 기성세대가 잔소리를 할 때마다 미국의 10~20대가 하는 일종의 말대꾸다. 예를 들어 기성세대가 "요즘 애들은 노력하려는 의지가 없어" 등의 잔소리를 할 기미가 보이면, 청년세대는 "오케이, 부머"라고 말을 자르는 것이다. 최근 틱톡TikTok과 스냅챗Snapchat, 유튜브YouTube 등 SNS에는 오케이 부머를 외치는 풍자 영상이 수없이 올라오며 미국의 사회적 이슈로 떠올랐다.

　　"오케이, 부머"는 단순한 유행어가 아닌 세대 갈등을 담고 있는 말로, 급기야 정치권까지 진출했다. 2019년 뉴질랜드의 25세 청년 국회의원인 녹색당 클로에 스와브릭Chlöe Swarbrick 의원이 기후변화와 관련해 급진적인 법안을 주장하자, 중진 의원들이 야유를 보냈다. 클로에 의원은 이에 굴하지 않고 "오케이, 부머"라고 받아쳤다. 그는 뉴질랜드 국회의원들의 평균 연령이 49세임을 언급하며, 정부와 의회 구성원 대부분이 중장년층이라 미래세대를 위한 기후변화 정책에 소극적이라고 지적했다.

　　세대 갈등이 정치에 미치는 영향은 매우 크고, 이는 전 세계적인 현상이다. 예를

청년 실업 문제에 시위하는 함부르크 청년들의 모습. ⓒClaus Ableiter

들어 세대와 관련한 정치적 이슈는 청년 실업, 기후변화, 고령화 사회, 정년 연장, 노인 복지 등이 있다. 청년세대는 기성세대에 대한 불만으로 청년 중심의 새로운 정치를 원하고, 기성세대는 청년세대가 먼저 적극적으로 정치에 참여해야 한다고 주장하는 경우가 많다.

　세대는 다양한 유권자를 하나의 특성으로 묶는 손쉬운 기준이 된다. 이러한 이유로 세대 갈등은 정치 분야에서 주된 담론으로 등장하고, 정치가들은 세대별 맞춤 공약을 세우기도 한다. 단, 정책 수립 과정에서 가장 중요한 것은 세대 갈등이 아닌 세대 화합에 초점을 맞추는 것이다. 앞으로는 정책을 추진하는 과정에서 노인과 청년 등 이해당사자 간 사회적 합의를 형성하고, 세대 갈등을 좁힐 수 있도록 다양한 장치를 마련하는 것이 주요 과제가 될 것이다.

6장

국가기관

알아 두면
쓸모 있는
1분지식

76일 - 076

헌법

수많은 법들을 품고 있는 단 하나의 법은?

집을 제대로 지으려면 가장 먼저 무엇을 해야 할까요? 먼저 터를 튼튼하게 다져야 합니다. 기초가 없으면 무너질 수 있기 때문이지요. 국가도 마찬가지입니다. 어떤 나라든 안정적으로 운영되려면 나라의 기본이 되는 법과 원칙을 탄탄하게 다져놓아야 합니다. 법 중에서 가장 근본이 되는 법을 '헌법'이라고 합니다. 교통법규나 근로기준법 같은 법들이 우리의 일상생활을 규제하고 지켜준다면, 헌법은 법의 근본적인 질서이자 '법 위의 법'이라 할 수 있어요. 우리나라는 1948년 7월 17일 제헌절을 공포해 대한민국 역사 최초로 '헌법에 따른 통치'라는 민주공화정의 이념을 천명했습니다.

'헌법'은 국가의 구성과 형태, 국가기관 상호관계 등을 규정한 근본 법입니다. 정의·자유·평등과 같은 가치를 뿌리삼아 만들어졌지요. 커다란 배가 폭풍우를 만나 방향을 분간할 수 없을 때, 선장은 무엇을 보고 배가 나아갈 방향을 결정할까요? 바로 '나침반'이지요. 헌법은 우리 생활에 나침반 역할을 합니다. 국가가 법을 만들 때, 시행 중인 법이나 정책이 올바른지 판단할 때, 누군가의 행동이 옳은지 그른지 혼란스러울 때, 헌법은 우리에게 바른 길을 안내해 줍니다. 그렇다면 대한민국 헌법 제1조 제1항은 무엇일까요? 바로 "대한민국은 민주공화국이다"입니다. 헌법은 국가의 공식 명칭과 성격을 규정하고 있답니다.

헌법은 다른 법과 국가기관의 원칙이 자리 잡을 수 있도록 근간이 되어 줍니다.

대한민국 최초의 제헌 헌법서

예를 들어 대통령의 강력한 권한은 헌법에 따라 주어진 것이고, 다른 법 역시 헌법의 원칙 아래 구체화된 것이지요. 집을 지을 때 내 땅 바깥에 기둥을 박을 수 없는 것처럼, 국가 운영과 모든 법의 제정은 헌법의 테두리 안에서 이루어집니다. 이처럼 헌법은 다른 법을 판단하는 기준이 된다는 점에서 '최상위법'으로 불립니다.

그러면 헌법의 내용을 고칠 때는 어떻게 해야 할까요? 국가의 중요한 사항이기 때문에 국민투표를 통해 정합니다. 우리나라 헌법은 1948년 7월 17일 이후 9차례에 걸쳐 바뀌었습니다. 가장 최근의 개헌은 1987년 10월 27일에 있었던 9차 개헌입니다. 군부 독재에 전 국민이 거세게 저항하면서 국민이 직접선거로 대통령을 뽑고, 임기도 5년 단임제로 하며, 헌법재판소를 설치하는 것이 주요 내용이었습니다.

헌법재판소

헌법재판소와 일반 재판소는
어떻게 다를까?

"정부는 청소년 방역패스 집행을 철회하라!"

2021년 12월, 일부 청소년과 학부모, 시민단체들이 청소년 방역패스 정책을 철회해 달라며 헌법재판소에 헌법소원심판을 냈습니다. 코로나19가 유행함에 따라 정부는 국민 안전을 위해 백신 접종 및 음성 여부를 증명하는 '방역패스'를 적용한다고 발표했는데요, 이러한 조치가 사실상 강제적이라 기본권을 침해할 우려가 있고, 아동·청소년의 백신 부작용 우려가 해소되지 않았다며 소송을 낸 것입니다. 그런데 궁금한 게 있어요. 과연 헌법재판소는 어떤 일을 하는 곳일까요?

'헌법재판소'는 헌법에 보장된 국민의 기본권이 침해되는 정치적 사건을 사법적 절차에 따라 판가름하는 사법기관입니다. 여기서 사법기관은 '사법부'라는 뜻이 아니랍니다. 사법부는 법원이고, 헌법재판소는 법원과 다른 별개의 조직이거든요.

'재판'이란 우리가 살아가면서 다툼이 생길 경우, 국가가 개입해 법적 판단을 내려주는 절차입니다. '헌법재판'은 헌법을 해석하고 적용하는 과정에서 헌법 규정의 올바른 뜻에 관해 다툼이 발생한 경우를 다룹니다. 국가의 재판기관이 과연 무엇이 헌법에 합치되고 위반되는지 가려주고, 헌법에 어긋나는 행위와 그로 인해 나타난 상황을 바로잡는 재판입니다.

헌법재판소는 헌법 해석과 관련한 분쟁을 해결하는 기관으로, 헌법을 수호하고

서울특별시 종로구 재동에 위치한 헌법재판소 정문

국민의 기본권을 보장하는 것을 목적으로 1988년에 만들어졌습니다. 헌법재판소는 법관의 자격을 가진 아홉 명의 재판관으로 구성되는데요, 삼권분립의 원칙에 따라 세 명은 국회에서 선출하고, 다른 세 명은 대법원장이 지명하며, 나머지 세 명은 대통령이 지명합니다. 헌법재판소의 장은 국회의 동의를 얻어 아홉 명의 재판관 중에서 대통령이 임명합니다.

모든 국가기관은 일을 처리할 때 반드시 헌법을 지켜야 합니다. 그런데 헌법 조문이 매우 추상적이라 구체적인 상황에서 어떻게 처리하는 것이 옳은지 분쟁이 생길 때가 있습니다. 헌법 해석을 두고 국가기관 사이 또는 국가기관과 국민 사이에 서로 의견이 다를 수 있는 것이지요. 이럴 때 국가는 헌법재판을 통해 다툼을 해결하고 국가와 국민의 의견을 통일합니다.

마지막으로 퀴즈를 하나 낼게요. 우리나라 헌법재판소는 법원일까요, 아닐까요? 정답은? 법원이 아닙니다. 헌법재판을 담당하는 기관이 법원에서 독립되어 있는 국가가 있고, 법원 내 조직으로 들어가 있는 국가도 있는데요, 우리나라는 헌법재판소를 독립적인 기관으로 간주합니다.

알아 두면
쓸모 있는
1분지식

78일 - 078

국회와 국회의원

국회의원들은 국회에서 무슨 일을 할까?

우리나라는 4년에 한 번씩 국민의 일꾼으로 일할 국회의원을 뽑습니다. 그런데 국회의원이 정확히 무슨 일을 하는지 알고 계시나요? 국회의원이 어떤 일을 담당하는지, 어떻게 일하는 것이 제대로 일하는 것인지 알아보도록 합시다.

먼저 국회의원이 일하는 곳, 국회의 역할부터 살펴보겠습니다. '국회'는 국민의 의사를 표현하는 기관이자 국가의 의사를 결정하는 기관입니다. 근데 국회와 의회라는 말이 종종 헷갈릴 거예요. 이 둘은 어떻게 다를까요? 헌법 제40조에는 "입법권은 국회에 속한다"라고 나와 있는데요, 국회의 본래 임무는 법을 만드는 것이므로 입법부라고도 부릅니다. 이때 국가기관의 의회를 국회, 지방자치 단체기관의 의회를 지방의회라 합니다. 즉, '대한민국의 의회'를 줄여서 국회라고 부르는데, 다른 나라에서는 국회라는 표현을 잘 쓰지 않습니다.

국회는 국민이 직접 선출한 사람들로 구성된 국민의 대표 기관입니다. 법률 제정과 국가의 재정에 관련된 일을 담당하고, 권력분립 원칙에 따라 행정부를 견제합니다. 예를 들어 행정부가 내년에 어디에 얼마를 쓰겠다는 예산을 국회에 제출하면, 국회는 이를 꼼꼼히 검토해서 확정해 줍니다. 정부가 국가 운영을 위해 돈을 쓰려면 국회의 허락을 받아야 하는 것이지요.

국회에 들어가 일하는 사람을 '국회의원'이라 부르는데요, 이들은 국민의 선거로 뽑습니다. 국회의원은 연임 및 중임이 가능합니다. '연임'은 직책이나 임무를 연이어

서울특별시 여의도에 위치한 국회의사당

맡는 것이고, '중임'은 직책이나 임무를 거듭해 맡는 것입니다. 우리나라 대통령은 5
년 단임제라서 임기가 한 번으로 끝나지만, 국회의원은 능력에 따라 여러 번 할 수
있습니다. 우리나라에서 가장 오랫동안 국회의원을 한 사람은 아홉 번 당선된 9선
국회의원입니다. 누구냐고요? 궁금하신 분들은 인터넷을 검색해 보세요.

대한민국의 국회의원은 총 300명입니다. 지역구 의원이 253명, 전국구 비례대표
의원이 47명입니다. 지역구 의원은 소선거구제로 253개 지역구에서 253명을 뽑고,
전국구 의원은 비례대표로 정당 투표를 통해 47명을 뽑습니다. 국회의원은 국민 전
체의 대표로서 국회의 의사결정에 적극적으로 참여할 책임이 있습니다.

국회 본회의와 각종 위원회

국회 안에는 왜 그리 위원회가 많을까?

우리는 종종 방송이나 신문에서 "A법안이 국회를 통과했다"거나 "B법안의 국회 통과를 두고 여야 간 갈등이 불거졌다"는 말을 듣습니다. 국회를 통과했다는 게 무슨 뜻일까요? 이는 국회의원 전원이 모인 합의체에서 어떤 안건의 찬성과 반대를 물어본 후, 해당 안건을 통과시켰다는 것입니다.

우리나라 국회의원은 300명입니다. 300명의 의원들은 살아온 과정과 과거의 직업, 전문 영역이 모두 다릅니다. 즉, 어떤 일이 벌어졌을 때 전문적인 의견을 모아 결론을 내기가 쉽지 않습니다. 따라서 300명의 국회의원 중 나름대로 어떤 분야의 전문가로 간주되는 사람들을 모아 '위원회'를 만들었습니다. 국회의원 중에는 외교 전문가도 있고, 국방 전문가도 있고, 농업이나 수산업 전문가도 있으며, 성평등이나 가족 문제 전문가도 있습니다. 이들이 모여 문제를 해결하고 있지요. '본회의'란 안건 처리 과정에 필요한 것으로, 국회의원 전원으로 구성된 회의를 뜻합니다.

국회의원의 가장 큰 임무는 법안을 검토하고 제정하는 일입니다. 그런데 이 모든 안건을 국회 본회의에서 토론하고 표결한다면 얼마나 많은 시간과 노력이 들까요? 그래서 본회의에서 법안 심사를 원활하게 할 수 있도록 일정한 사항에 대해 전문적인 지식을 가진 소수 의원들이 법안을 심사하고 검토하는 장치를 만들었는데요, 이것이 바로 '상임위원회'입니다.

상임위원회는 정부 각 부서의 성격에 맞추어 구성됩니다. 정부에 교육부가 있다

여의도 국회의사당 본회의장

면 국회에는 교육문화체육관광위원회가 있고, 정부의 보건복지부에 대응하는 국회의 보건복지위원회가 있습니다. 예를 들어 정부가 외교에 관한 법이 필요하다면 전체 국회의원에게 의견을 묻기 전, 전문가로 구성된 외교통일위원회를 통해 먼저 심의를 받습니다. 상임위원회는 국정조사 및 국정감사도 수행하는데요, 이것이 곧 우리가 뉴스에서 국회의원들이 장관을 불러서 호통치는 모습을 볼 수 있는 배경입니다.

'상임'이 '항상'이란 뜻인 만큼, 이와 별도로 특별한 안건을 의논하고 처리할 기관도 있어야 합니다. 그래서 구성된 것이 특별위원회입니다. '특별위원회'는 상임위원회에서 다루기 어려운 안건이 생겼을 경우 일시적으로 만드는 위원회로, 상임위원회보다 훨씬 큰 규모로 구성해 활동합니다. 특별위원회는 예산안과 기금 운용 계획안 및 결산을 심사하는 예산결산특별위원회, 국회의원의 자격과 징계에 관한 사항을 심사하는 윤리특별위원회 등이 있습니다.

국회의 권한

법안을 통과시키면 국회의
할 일은 끝나는 걸까?

국민이 뽑은 국회의원들이 모여 있는 곳, 바로 국회입니다. 국회는 국민이 선출한 대표들이 나라의 중요한 일들을 원활하게 처리할 수 있도록 여러 권한을 갖고 있습니다. 국회의 권한은 크게 입법, 헌법기관 구성, 국정 감시 및 통제, 재정에 관한 권한 등입니다.

첫째, '입법권'은 가장 본질적인 권한입니다. 국회는 법률을 만들거나 고칠 수 있는 '법률 제정 및 개정권'을 가집니다. 기존에 없던 법을 만들거나, 이미 있는 법을 바꾸거나 폐지할 수 있는 권한이죠. 헌법개정안은 최종적으로 국민투표를 통해 결정하지만, 그 전에 헌법개정안을 의결할 수도 있습니다. 국가 간에 체결하는 조약도 있는데요, 조약을 체결하고 비준하는 것은 대통령이지만 그 전에 반드시 국회의 동의를 받아야 합니다.

둘째, '헌법기관 구성권'입니다. 대통령이 국무총리·감사원장·대법원장·헌법재판소장을 임명하려면 국회의 동의를 얻어야 합니다. 헌법재판소 재판관 아홉 명 중에 세 명, 그리고 중앙선거관리위원회 위원 세 명도 국회에서 뽑습니다.

셋째, '국정 감시 및 통제권'은 국회가 행정부를 견제하는 중요한 수단입니다. '국정감사'는 매년 정기 국회가 시작되면 20일 동안 상임위원회별로 소관 행정기관의 업무에 대해 전반적인 감사 활동을 하는 것이고요, '국정조사'는 검찰의 공정한 수사가 어려울 경우, 국회 차원에서 특별 조사를 실시하는 것입니다. '탄핵소추권'도 중요한 권한입니다. 예를 들면 고위 공직자들은 일반 사법 절차에 따라 징계하기가 곤란한 경우가 있습니다. 만약 대통령이 임기 중 헌법과 법률에 어긋나는 일을 했다면 어떻게 해야 할까요? 국회가 탄핵을 의결하고, 헌법재판소가 탄핵 심판을 합니다. 이를 통해 행정부를 견제하는 것이지요.

우리나라 국회를 상징하는 로고

　넷째, '재정권', 즉 돈 문제에 관련된 것도 국회가 담당합니다. 국민이 낸 세금은 행정부에서 교육·국방·환경·복지·문화 등의 정책에 쓰는데요, 예산이 필요하다고 해서 마음대로 돈을 쓸 수 없습니다. 국민을 대표하는 기관인 국회에 먼저 물어봐야 합니다. 국회가 내년에 쓸 돈이 얼마나 될지, 어떻게 쓸 것인지 심의하고 의결해 주는 '예산안 심의·의결권'을 가지는 이유입니다. 또한 국회는 한 해 동안 국가에 들어온 돈과 쓴 돈을 심사해 정부의 예산 집행에 대한 정치적 책임을 밝히는 '결산심사권'을 가집니다.

교섭단체

A의원은 40분간 연설하는데,
B의원은 15분만 발언하는 이유는?

학교에서 축제를 연다고 가정해 보겠습니다. 전교생 수백 명이 한꺼번에 자기 의견을 말한다면 축제 준비를 제대로 할 수 있을까요? 결정해야 할 것은 많은데 시간은 부족하고, 수백 명의 의견을 전부 듣기가 어렵습니다.

국회도 마찬가지입니다. 우리나라 국회의원 수는 300명입니다. 300명의 국회의원이 한꺼번에 의견을 이야기하고 협의하기가 어렵습니다. 그래서 교섭단체가 필요합니다. '교섭'은 어떤 일을 이루기 위해 서로 의논하고 절충하는 것입니다. '교섭단체'는 국회의원들이 의견을 협의하기 위해 일정 수 이상 모인 단체를 뜻합니다. 각 정당은 교섭단체를 구성해 내부에서 먼저 의견을 통합하고, 그 의견을 바탕으로 다른 교섭단체와 의사소통을 합니다. 국회가 원활하게 운영되도록 교섭단체가 정파 간 창구 역할을 하는 것이지요.

그렇다면 교섭단체를 어떻게 구성할까요? 국회에 소속된 의원이 20명 이상인 정당은 하나의 교섭단체가 될 수 있습니다. 물론 같은 정당이 아니어도 다른 교섭단체에 속하지 않는 의원이 20명 이상 모이면 교섭단체를 만들 수 있습니다.

여기서 중요한 것은 교섭단체에 참여하는 의원들의 수가 20명 이상이어야 한다는 것입니다. 보통은 같은 정당에 소속된 의원들이 교섭단체를 구성하는 경우가 많습니다. 의원 수가 많은 정당은 교섭단체를 구성하는 데 문제가 없지만, 20명 미만의 작은 정당이나 무소속 의원은 교섭단체를 만들기가 어렵습니다. 그렇다면 어떻게 해

교섭단체는 국회에서 중요 안건을 협의하기 위해 구성하는 단체로, 20명 이상이어야 결성 가능하다.

야 교섭단체를 만들 수 있을까요? 제18대 국회 때 자유선진당은 의원 수가 18명이라 교섭단체를 구성하기가 어려웠습니다. 그래서 창조한국당 의원 2명과 함께 '선진과 창조의 모임'이라는 교섭단체를 구성했습니다.

교섭단체를 만들면 많은 혜택이 따라오기 때문에, 국회의원들은 교섭단체를 구성하기 위해 애를 씁니다. 비교섭단체는 중요한 입법이나 예산안 논의에 참여하지 못하는 경우가 대부분입니다. 상임위원회 배분에서도 소외되고, 정당에 분기별로 지급되는 국고 보조금 차이도 큽니다.

정기국회와 임시국회 초반에 교섭단체 대표가 연설을 하는 경우가 많습니다. 국회법에서 교섭단체 대표는 '연설'이라는 이름으로 40분을 쓸 수 있지만, 비교섭단체 대표는 '발언'이란 이름으로 15분만 이야기할 수 있습니다. 똑같은 말을 해도 연설이 아니라 발언이 되는 것입니다.

행정부의 조직과 기능

행정부의 대국민 서비스가
사법부와 다른 이유는?

대한민국의 제19대 대통령 문재인 ⓒ대한민국 청와대

　한 집안의 살림은 누가 맡나요? 대개 부모님이 맡으시죠. 그럼 나라의 살림살이는 누가 맡아서 할까요? 행정부입니다. '행정'은 법에 따라 나라의 살림살이를 맡아 하는 것을 의미합니다. 여러분은 '정부'라는 말을 자주 들어보셨을 것입니다. 넓은 의미의 정부는 입법부·행정부·사법부뿐만 아니라 헌법기관을 모두 포함하지만, 좁은 의미의 정부는 행정기관만을 가리킵니다.

　근대사회의 행정이 법을 집행하는 개념이었다면, 현대사회의 행정은 공공 복지를 실현하기 위한 적극적인 국가 활동으로 개념이 넓어졌습니다. 사법이 상당히 수동적이고 소극적인 것과는 다릅니다. 이를테면 법원에서는 다툼이 생기지 않을 경우, 적극적으로 나서서 재판을 열지 않습니다. 누군가 고소를 하거나 검사가 기소해야만 재판이 열리지요.

　반면, 행정은 국민에게 필요한 것이 무엇인지 파악해 '찾아가는 서비스'를 제공합니다. 국가가 국민을 위한 복지·교육·의료 등 공익을 실현하기 위해 적극적으로 나서는 것이지요. 사회의 질서를 지키고 국민을 보호하기 위해 경찰관과 소방관이 하는 일, 노인이나 장애인 등 사회적 약자를 돕거나 환경을 보호하거나 경제 발전을 위한 정책을 펼치는 일, 도로나 댐 같은 공공시설을 만들고 관리하는 일도 행정부가 하는 일입니다. 우리나라 행정부의 구성을 그림으로 살펴볼까요?

다음 그림에서 볼 수 있듯 행정부의 수반은 대통령입니다. 나라를 대표하는 국가원수 역할도 하고요. 반면, 의원내각제에는 국가원수와 왕이 따로 있습니다. 영국에서 여왕과 행정부(내각)을 이끄는 총리가 따로 있는 것처럼 말이지요. 우리나라는 두 가지 역할 모두 대통령이 담당합니다.

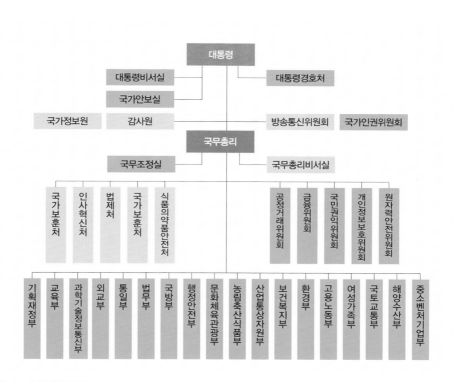

우리나라 행정부의 구성

알아 두면 쓸모 있는 1분지식

83일 - 083

대통령의 역할

대통령은 합법적으로
어떤 일을 할 수 있을까?

우리나라는 5년에 한 번씩 대통령 선거를 치릅니다. 그런데 대통령이 무슨 일을 하는지 알고 있나요? 대통령은 국민이 더욱 잘 살 수 있도록 노력하고 우리나라를 대표하는 일을 합니다. 이를 유식한 말로 바꾸면 행정부 수반으로서의 역할과 국가원수로서의 역할이라고 표현할 수 있습니다.

먼저 행정부 수반으로서의 역할부터 살펴볼게요. '행정부의 수반'이란 행정부의 우두머리라는 뜻입니다. 대통령은 행정부를 지휘하고 감독할 권한을 가집니다. 행정부에서 일하는 공무원을 임명하고 파면할 수 있는 '공무원 임면권'도 가집니다. '국군통수권'도 대통령의 권한에 포함되지요. 행정부 조직 내에 국방부가 따로 있기 때문입니다. 군대는 국방부 소속이므로, 대통령이 국방부를 지휘·감독하면서 국군을 통수할 수 있습니다. 그리고 대통령은 법률 밑에 있는 명령을 발동하고 공포할 수 있습니다. 이를 '대통령령 발포권'이라고 합니다. 대통령이 발포하면 대통령령, 총리가 발포하면 총리령, 외교부 장관이 발포하면 외교부령이 되는 거죠.

이제 '국가원수로서의 역할'을 보겠습니다. 대통령은 나라를 대표해 외국과 조약을 체결하거나 외교 사절을 맞이하는 역할을 하죠. 국회의 동의를 얻어서 대법원장·헌법재판소장·감사원장 등 헌법기관 구성원을 임명할 수 있습니다. 대통령은 국가에 위기가 찾아왔을 때 긴급 처분이나 명령을 내릴 수도 있고, 계엄을 선포할 수도 있습니다. 예를 들면 한국전쟁 당시 국민을 군인으로 강제 징용하는 긴급 명령이 내

우리나라 대통령이 근무하는 청와대

려진 적도 있었습니다. '계엄'은 나라의 통치 권한을 군에게 잠시 넘겨주는 조치입니다. 긴급 상황에 군대를 투입해 질서를 유지하기 위함이지요. 대통령은 긴급하게 법률을 개정할 필요가 있을 때 임시국회를 소집할 수 있으며, 헌법을 개정하거나 국민의 의견을 묻기 위해 국민투표를 제안할 수 있습니다.

대통령은 그 역할만큼 권한이 매우 크기 때문에 이를 견제하는 장치도 필요합니다. 국회는 국정감사와 국정조사를 통해 대통령이 일을 제대로 수행하는지 감시할 수 있고, 사법부는 행정명령심사권이나 탄핵심판 등을 통해 대통령이 함부로 권력을 휘두르지 못하게 할 수 있습니다. 국민도 선거나 여론을 통해 대통령을 감시할 수 있습니다.

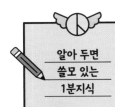

국무총리의 역할

우리나라 국무총리는 미국의 부통령과
무엇이 다를까?

여러분, 혹시 우리나라 역대 국무총리 가운데 떠오르는 사람이 있나요? 생각이 잘 나지 않는다는 것은 자주 바뀐다는 뜻이고, 이는 곧 임기가 따로 정해져 있지 않다는 사실과 연결됩니다. 우리나라 국무총리는 스스로 사임하거나 대통령이 해임할 때까지 임기가 계속됩니다. 보통은 대통령과 총리가 합의해 임기를 결정합니다. 반면, 의원내각제의 총리는 임기가 정해져 있지만 이를 보장받지 못합니다. 의원내각제에서 정부(내각)는 의회가 내각을 더 이상 신임하지 않는다고 결정내리면 즉시 사퇴해야 하기 때문이죠.

헌법 제86조에는 "국무총리는 국회의 동의를 얻어 대통령이 임명한다"고 규정되어 있습니다. 대통령이 국무총리를 내정하면 국회는 인사청문회를 열고 그 사람을 총리로 임명할지 말지 결정합니다. 국회에서 동의하면 국무총리 내정자는 정식으로 임명장을 받습니다. 국무총리는 행정부의 2인자로, 대통령을 보좌하고 대통령의 명을 받아 행정 각부를 지휘합니다. 장관이 하는 일이 부당할 경우 대통령에게 보고해 중지·취소할 수 있습니다. 대통령 자리가 공석일 때는 권한을 대행하고, 국무회의에서는 부의장을 맡습니다.

국무총리는 '각료(국무위원)임명제청권'을 갖고 있습니다. 대통령이 행정 각부의 장관을 임명할 때 국무총리가 적합한 인물을 추천할 수 있다는 뜻입니다. "대통령님, 법무부 장관으로 이 사람 괜찮은 것 같은데 어떠세요?"라고 말이죠. 이를 '제청한다'

고 합니다. 그러면 대통령이 심사숙고해 그 후보자를 임명할 수 있습니다. 국무총리는 대통령의 지휘 아래 법률안과 예산안을 마련해 국회에 제출할 수도 있습니다.

여기서 잠깐! 우리나라의 국무총리와 미국의 부통령은 존재감이 다릅니다. 미국은 대통령 선거를 치를 때, 대통령 후보와 부통령 후보가 함께 나오는데요, 이를 '러닝메이트'라고 부릅니다. 즉, 부통령도 국민의 선택을 받아야 하는 것이죠.

미국의 제46대 부통령 카멀라 해리스
Kamala Harris

그러나 우리나라의 국무총리는 국민이 뽑지 않고 대통령이 국회의 동의를 받아 임명합니다. 미국의 부통령은 대통령의 자리가 비었을 경우 행정부를 총괄합니다. 만약 대통령이 사망한다면 대통령의 남은 임기를 부통령이 다 채웁니다. 우리나라는 대통령 자리가 빌 경우에 총리가 임시로 권한을 대행합니다. 국무총리는 국민이 뽑은 대통령이 아니기 때문에, 대통령 권한을 대행하는 기간을 60일 이내로 하고 있습니다. 그 안에 선거를 치러 새로운 대통령을 뽑아야 하지요. 만약 국무총리에게 문제가 발생한다면 법률이 정하는 바에 따라 장관들이 책임과 권한을 물려받습니다.

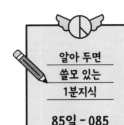

감사원과 사법부

행정부의 안팎에서 활동하는
두 감시자의 역할은?

대통령과 국무총리는 행정부에서 막강한 권한을 가진 사람들이지만, 이들이 마음대로 행동하게 내버려 둘 수는 없습니다. 그래서 행정부의 권력을 견제하기 위한 기관이 필요한데요, 바로 감사원과 사법부입니다.

'감사원'은 대통령 직속기관이지만, 대통령의 지휘를 전혀 받지 않는 독립적인 헌법기관입니다. 공무원 전반을 두루 감찰하면서 독립적으로 감시·감독 활동을 펼치고 공무원의 부정부패를 막는 역할을 하지요. 또한 국가 및 법률이 정한 각종 단체의 회계 검사도 합니다. 회계 검사란 "장부 좀 가지고 오세요!" 하면서 어떤 부서가 업무를 제대로 수행하고 있는지 살피는 것입니다. 1년 동안 국가가 거두어들이고 쓴 돈에 대한 장부도 검사합니다. 이것을 '세입·세출 결산권'이라고 합니다.

한편, '사법부'는 행정부 및 입법부와 같이 국가권력의 핵심을 이루는 3대 기둥 중 하나입니다. 법을 제정하는 입법부, 법을 집행하는 행정부와 달리 사법부는 무엇이 법인지 해석·판단하고 선언합니다. 법관은 재판을 통해 법의 이념인 정의를 실천하고 국민의 기본권을 보장하며, 사회 질서를 유지합니다. 개인 간에 발생하는 법률상의 분쟁과 이해관계를 조정하고, 국가나 사회에 해를 끼친 자에게 법적인 심판을 내립니다.

우리 헌법은 사법부가 입법부와 행정부를 견제하고 감시해, 권력 관계가 서로 균형을 이루도록 보장합니다. 재판에 적용할 법률이 위헌이라는 의심이 들 때, 법원은 재판을 중지하고 법률의 위헌 여부를 헌법재판소에 판단해 달라고 요청할 수 있습니다. 이러한 '위헌법률심판 제청권'은 사법부인 법원이 입법부인 국회의 법률 제정에 문제를 제기할 수 있는 수

서울특별시 서초구에 위치한 대법원

단입니다. 또한 국민의 권리나 이익이 침해되었을 때, 이를 구제하기 위한 재판도 할 수 있습니다. 사법부는 행정부가 한 일을 판단해 행정부를 간접적으로 견제할 수 있습니다.

　재판은 누군가가 고소하거나 검사가 기소해야만 열리므로, 사법부는 상당히 수동적이고 소극적입니다. 하지만 법 질서를 침해했거나 법률 문제가 발생했을 경우, 법이 무엇인지를 선언해 법의 질서를 수호하는 역할을 하는 만큼 매우 중요한 기관입니다.

옴부즈맨

현대판 암행어사인 옴부즈맨은
어떤 일을 하고 있을까?

조선시대를 배경으로 한 영화나 드라마를 보면 "암행어사 납시오!" 하고 외치는 장면이 나옵니다. '암행어사'는 왕의 특명을 받고 비밀리에 지방을 다니면서 백성의 어려움을 살피고 개선하는 사람이지요. 그런데 암행어사와 비슷한 역할을 하는 사람이 오늘날에도 있답니다. 바로 옴부즈맨입니다.

'옴부즈맨Ombudsman'은 '대리인, 대변자'의 뜻을 가진 스웨텐어 ombud에서 나온 단어입니다. 옴부즈맨 제도는 1713년 스웨텐의 왕 카를 12세Karl XII가 북방전쟁에서 패배하고 해외로 도피하면서 본국을 원격으로 통치하기 위해 대리인을 임명하면서 쓰였다고 합니다. 그러다가 사법부와 입법부에 비해 권한이 커지고 있는 행정부를 감시·통제하기 위한 제도로 법제화되었습니다. '옴부즈맨 제도'는 행정 조직뿐만 아니라 언론·사회·정치·경제 각 분야에 도입되면서 국민의 목소리를 듣고 잘못을 고치는 제도로 발전했습니다. 옴부즈맨은 오늘날 각 나라에서 불평처리관, 중개조정인, 시민보호관 등의 이름으로 불리고 있습니다. 옴부즈맨 활동은 공무원이 아닌 전문 지식을 갖춘 민간인이 제3자의 입장에서 독립적으로 수행합니다.

옴부즈맨은 보통 의회에서 임명하지만 의회의 간섭을 받지 않고 특정 사건을 다룰 권한을 갖고 있으며, 정부와 개인 사이에서 공정하고 독립적인 중재자가 되어야 합니다. 옴부즈맨은 시민이 자신의 불만을 정확하게 설명하도록 도와주고, 시민에게 법률적 도움을 제공하기도 합니다. 그리고 심사를 거친 불만 사항을 해당 관청에 전

옴부즈맨 제도는 국민의 목소리를 듣고 국민의 권리를 보호한다.

달하고 해명도 요구합니다. 관청이 사실 조사를 마치고 그 결과를 통보하면, 정부 결정의 타당성을 판단하는 것도 옴부즈맨의 역할입니다.

이처럼 옴부즈맨은 국민의 편에 서서 국가가 잘못하는 일을 지적하고 고치는 일을 합니다. 우리나라에서는 1994년 국민고충처리위원회가 그 역할을 하기 위해 만들어졌습니다. 지금은 국민권익위원회로 이름을 바꿔 고충 민원 처리, 부패 방지 및 행정 심판 기능을 통합해 수행하는데, 국민이 억울하고 힘든 일을 한 곳에서 처리하도록 하고 있습니다.

이밖에도 여러 행정 기관에서 자체적으로 옴부즈맨 제도를 실시하고 있습니다. 국가 행정을 상대로 한 민원조사관이 대표적입니다. 신문과 언론에서는 독자의 불평 불만을 조사하고 오보를 밝혀내는 옴부즈맨 제도를 운영하고 있습니다. 국내 방송사도 시청자와의 대화, 시청자의 불만 수렴, 의견 청취, 제작진의 입장을 표명하는 옴부즈맨 프로그램을 운영하고 있습니다.

법원과 재판

무죄를 선고받은 사람이 반드시
결백한 것은 아닌 이유는?

'법'하면 가장 먼저 떠오르는 기관은? 바로 법원이지요. 법원은 법을 어긴 사람을 심판하는 곳입니다. 만일 여러분에게 억울한 일이 생겼다고 해봅시다. 법원이 없다면 힘센 사람의 뜻대로 일이 해결되고, 힘이 약한 사람은 피해를 볼 가능성이 높습니다. 그래서 국가기관인 법원이 법을 토대로 공정하게 판결을 내려서 사회 질서를 유지하고, 피해를 입은 사람을 도와주는 것입니다.

재판을 할 때는 반드시 지켜야 할 두 가지 원칙이 있습니다. 바로 공개재판주의와 증거재판주의입니다. '공개재판주의'는 재판의 심리와 판결을 원칙적으로 공개한다는 것입니다. 재판은 심리(재판의 기초가 되는 사실 및 법률 관계를 명확히 하고자 법원이 조사하는 행위)와 판결로 나누어 볼 수 있습니다. 심리는 판사가 필요하다고 느낄 경우, 즉 인권 침해나 국가 안보가 우려되는 경우에 비공개로 할 수 있지만, 판결은 무조건 공개해야 합니다.

이제 증거재판주의를 알아볼까요? '증거재판주의'는 사실을 확정할 때 증거를 따르도록 하는 원칙입니다. 판사가 무죄를 선고하더라도 그 사람이 꼭 결백한 것은 아닙니다. 이런 판결은 실제로 결백하다는 것이 아니라, 유죄를 줄 만한 증거가 없다는 뜻이기도 합니다. 드라마에서도 "심증은 뚜렷하나 물증이 없다"는 이유로 나쁜 범죄자가 웃으면서 법원을 빠져나오는 장면이 나오잖아요? 자백만이 유일한 증거일 때에도 무죄 추정을 합니다. 자백만으로 판결할 수 있게 된다면 수사기관은 다른 증거

재판을 공개하는 이유는 여론의 감시하에 재판의 공정성을 확보하고, 사법에 대한 국민의 신뢰를 높이기 위함이다.

를 찾는 대신 자백만 강요할 수 있고, 이는 인권 침해로 이어질 가능성이 크기 때문이죠. 이것을 '자백의 증거 능력 제한 원칙'이라고 합니다.

재판은 민사재판, 형사재판, 행정재판 등으로 나뉩니다. '민사재판'은 개인 간에 발생하는 일들, 즉 재산이나 가족 관련 다툼을 해결하는 재판입니다. 여러분이 들어 봤음직한 '솔로몬의 재판'은 역사상 가장 유명한 민사재판이랍니다. '형사재판'은 검사가 피해자의 법적 이익을 침해한 피고를 고발하고, 법원에서 각종 증거를 바탕으로 피고의 유무죄 및 형량을 결정하는 재판입니다. '행정재판'은 법원이 행정기관의 처분이나 행정 법규 적용과 관련된 분쟁을 판단하는 재판입니다.

이 밖에도 선거의 효력이나 당선의 유·무효를 결정하는 '선거재판', 특허 관련 사건을 다루는 '특허재판' 등이 있습니다. 재판은 사람들 사이의 다툼을 해결해 국민의 자유와 권리를 보호해 줍니다.

검찰과 경찰

범죄를 다루는 두 기관은 이름만큼이나
하는 일도 비슷할까?

여러분, 검찰과 경찰의 차이점을 알고 계신가요? 이름도 비슷한 검찰과 경찰은 정확히 어떤 일을 하는 걸까요?

검찰청에 소속된 검사는 전체 수사를 지휘·계획하고 형사재판과 소송에서 기소를 하며 죄를 가려 입증하는 사람입니다. 경찰은 이런 검찰을 지원하고 범인을 잡습니다. 드라마에 나오는 검사는 주로 재판정에서 "존경하는 재판장님, 피고는 지금 거짓말을 하고 있습니다!"라고 비장하게 외치죠. 반면, 경찰은 흉악범을 잡으러 골목길을 뛰어다니고 몸싸움을 벌입니다. 사실 검찰이든 경찰이든 범죄자를 상대한다는 점은 같습니다. 둘 다 공공의 안전과 사회 질서를 유지하며 각종 범죄를 방지하고 범죄자를 벌하지요. 하지만 검찰과 경찰이 하는 일을 자세히 들여다보면 엄연히 다른 기관임을 알 수 있습니다.

경찰은 국민의 생활과 안전을 지키는 일을 합니다. 이미 일어난 범죄를 수사해 범인을 잡고, 최근에는 사이버 범죄까지 수사하고 있습니다. 범죄 예방과 유실물(잃어버린 물건) 처리, 각종 안전사고 예방에도 힘씁니다. 교통 단속과 교통사고 예방을 위한 계획을 세우는 등 시민들의 교통 안전도 책임집니다. 이 밖에 치안에 관련된 정보를 수집하고, 중요 인사의 경호를 담당합니다. 시위를 진압하기도 하고, 만약을 대비해 비상 훈련도 합니다. 경찰 중에서도 특히 형사는 살인·방화 등 특수 범죄를 수사합니다.

한편, 검사는 검찰이라는 국가기관에 속해 있습니다. 검사는 범죄를 수사하고 법원에 공소를 제기합니다. '공소 제기'는 검사가 법원에 재판을 청구하는 소송 행위로, 이 사람이 범죄를 저질렀으니 재판을 열어 심판해 달라고 요청하는 것이죠. 검사는 재판 집행을 지휘하고 감독합니다. 범죄자를 처벌해 달라고 기소

검찰은 재판과 소송에서 기소를 하는 기관으로, 경찰이 수사한 내용으로 법리를 따져서 죄를 묻는다. 경찰은 민생과 일반 사건, 교통, 치안을 담당하고 수사한다.

하면 유죄 판결을 내리는 것은 판사지만, 그 집행은 검사의 몫입니다. 예를 들어 교도소에서 사형을 집행할 때도 반드시 검사가 참석해야 합니다.

또한 검사는 국가를 당사자 또는 참가인으로 하는 소송을 맡습니다. 소송에는 원고(소송을 건 사람)와 피고(소송을 당한 사람)가 확실하게 존재해야 하는데, 국가가 소송을 당할 경우 피고가 확실하지 않기 때문입니다. 이때 검사가 국가를 대신해 피고 역할을 할 수 있습니다.

이 중에서 검사의 가장 큰 역할은 경찰이 수사한 내용을 바탕으로 법리(법률의 원리)를 따져 죄를 묻는 것입니다. 이때 두 기관이 서로 연계해서 일하기 때문에, 서로 협력하는 시스템을 마련하는 것이 중요합니다.

국회의원, 몇 명이 적절할까?
_국회의원 의석수

　국회의원 의석수 이야기는 정치권에서 늘 나오는 뜨거운 감자로, 중요하지만 해결하기 쉽지 않은 이슈다. 항상 선거철이 되면 각 당은 '정치 개혁'이라는 말을 내세워 국회의원 수를 몇 명으로 해야 하는지 논쟁을 벌여 왔다.

　헌법 제41조는 "국회의원의 수는 법률로 정하되 200인 이상으로 한다"라고 하한선만 정해 놓았고, 국회법에서는 의장이 각 교섭단체 대표와 합의해 의석수를 정하도록 했다. 이러다 보니 매번 국회에서 국회의원 수를 협상할 여지가 생기는 것이다.

　1948년 제헌 국회에서 200명이었던 국회의원 수는 갖가지 이유로 증가와 감소를 반복하며 제19대 국회부터 300명이 되었다. 현재 공직선거법 제21조 제1항은 "국회의원 정수는 지역구 국회의원 253명과 비례대표 국회의원 47명을 합해 300명으로 한다"라고 되어 있다.

　국회의원 수를 늘려야 한다고 주장하는 측은 다른 나라의 국회의원 수를 근거로 내세운다. 경제협력기구OECD 국가의 국민 10만 명당 국회의원 수는 평균 0.97명이지만, 우리나라는 국민 10만 명당 국회의원 수가 0.58명이다. 국회의원 한 명이 국민 17만 2,000명을 대표하는 셈이다. 국회의원 한 명이 대표하는 국민의 수가 많다는 것은 그만큼 국민 하나하나의 의견이 정치에 반영되기 어렵다는 뜻이다. 한 반에 학생 수가 많을수록 담임 교사가 한 학생에게만 신경 쓸 수 없는 것과 비슷하다. 따라서 다양한 계층의 의견이 반영되려면 국민을 대표하는 일꾼이 더 필요하다.

하지만 국회의원 수가 국회에서 끊임없이 논란인 것에 비해, 이를 지켜보는 국민의 시선은 늘 싸늘했다. 불성실한 국회의원들이 자신들의 밥그릇을 늘리기 위해 그 숫자를 늘리려 한다고 느끼기 때문이다. 그만큼 정치에 대한 국민의 불신과 실망감이 크다는 방증이다. 상당수의 국회의원들이 국민의 이익을 진정으로 생각해 정책을 고심하기보다는 정파 간 싸움에 몰두하는 모습을 더 많이 보여 주었다. 국회의원들의 갑질과 부정부패 논란 또한 끊이지 않는 만큼, 국회의원 수를 늘리는 데 부정적인 국민이 많을 수밖에 없는 것이다.

국회의원 의석수 논란을 해결하려면 국회의원들이 스스로 특권을 내려놓고 국회 개혁을 위한 방안을 제시해야 한다. 그리고 국민은 우리나라에서 가장 적정한 의원 수가 몇 명인지 고민하고, 여론 등을 통해 의견을 적극 표출할 수 있어야 한다.

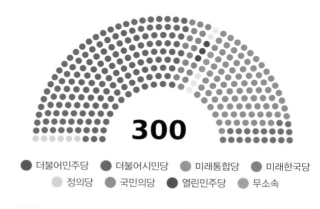

대한민국 제21대 국회 정당별 의석수

전쟁 대신 평화를 지키는 군대가 있다?

_UN 평화유지군

제2차 세계대전이 끝난 후, 전쟁을 방지하고 평화를 유지하기 위해 국제연합UN 이 설립됐다. 국제연합은 평화를 수호하는 임무를 맡은 군대를 따로 두고 있다. 정식 명칭은 '국제연합 평화유지군'으로, 줄여서 'UN 평화유지군'이라고 부른다.

흔히 군인이라고 하면 전투하는 모습이 떠오르는데, 어떻게 평화를 지킨다는 걸 까? UN 평화유지군은 주로 분쟁 국가에 파견되는데, 전쟁을 치른 당사자들이 스스 로 전쟁을 멈추도록 화해를 돕거나 중재하는 역할을 한다. 전쟁이 일어나지 않는 상 태를 지속하면서 시민들을 보호하고, 법치주의와 민주 선거가 이루어지도록 조치하 는 것이다. 아울러 갈등이 평화롭게 해결되도록 분위기를 조성하고, 사회가 안정되 도록 다양한 활동을 펼친다. 예를 들어 1948년에 설립된 UN 평화유지군은 중동 분 쟁 지역에 처음으로 파견돼, 이스라엘과 아랍 국가들이 전쟁을 멈추도록 감시하는 역할을 맡았다.

UN 평화유지군은 국제사회의 평화를 위해 각국의 정부가 자발적으로 파병한 병 사들로 구성된다. 우리나라는 1991년 UN에 가입한 이후 최초로 소말리아에 육군 공병 대대인 상록수 부대를 UN 평화유지군으로 파견했다. 상록수 부대는 1993년 7 월부터 1994년 4월까지 소말리아에서 활동했으며, 1995년 10월부터 앙골라 평화

유지 활동에도 참여했다. 최근에도 한국은 레바논·남수단·아이티 등 다양한 분쟁 지역에 군대를 파견함으로써 국제적 위상에 걸맞은 모범을 보여주고 있다.

아이티에서 평화 유지 임무를 수행 중인 군인

여기서 알아두어야 할 점이 있다. UN 평화유지군은 처음이자 마지막으로 1950년 한국전쟁 당시 미국의 주도하에 생긴 유엔군과는 성격이 다르다. 한국전쟁 당시 유엔군은 공산권 세력의 한반도 점령을 막기 위해 생긴 군대고, UN 평화유지군은 어느 편에도 서지 않고 치안 유지를 위해 활동하는 군대다.

UN 평화유지군은 파란색 헬멧을 착용하고, 흰색으로 칠한 중장비에 큼지막한 UN 마크를 붙이는 등 위장을 하지 않는다. 그 이유는 이들이 교전 임무가 아닌 치안 유지 임무를 맡기 때문이다.

UN 평화유지군은 1988년 국제사회의 평화를 지키기 위한 노력을 인정받아 노벨 평화상을 수여했다. 노벨 평화상은 보통 개인이나 단체가 받는데 군대가 이 상을 받은 것은 이때가 유일하다. 또한 매년 5월 29일은 'UN 평화유지군의 날'로 지정되어 있다. UN 평화유지군에 대해 자세히 알고 싶다면 부산에 있는 UN 평화기념관을 방문해 보는 것도 좋다.

7장

정치이슈

인사청문회

우리나라 고위 공직자는
어떻게 면접을 볼까?

  '인사人事가 만사萬事'라는 말처럼 사람을 뽑고 일을 맡기는 것은 아주 중요합니다. 특히 국민을 위해 정부에서 일하는 공직자를 뽑을 때는 더욱 그렇죠. 그래서 생긴 제도가 인사청문회입니다. '인사청문회'는 대통령이 장관이나 검찰총장 같은 행정부의 고위 공직자를 임명하려고 할 때, 국회에서 후보자의 자질을 검증하는 자리입니다. 대통령이 "이 사람을 장관으로 뽑겠습니다"라고 하면 국회의원들이 "그 사람이 장관이 될 자격이 있는지 따져 보겠습니다"라고 하는 것이죠. 인사청문회는 국회가 대통령을 견제하는 장치라고도 할 수 있습니다.

  인사청문회의 원조는 미국입니다. 1787년 미국에서는 연방 헌법을 처음 만들 때 누가 정부 공직자를 임명할 것인지를 두고 논란이 벌어졌습니다. 결국 연방 헌법 제2조 제2항에 "대통령이 정부 고위 공직자를 임명하면 국회가 인준한다"라는 내용을 적어 넣었습니다. 그리고 상원 의사(議事, 회의에서 어떤 일을 의논함) 규칙에 인사청문회의 절차를 규정했습니다.

  대통령은 자신의 마음에 드는 인물을 고위 공직자로 우선 임명할 수 있습니다. 그런데 대통령이 뽑았다고 해서 무조건 믿을 수는 없습니다. 인품은 훌륭한지, 업무에 적합한지, 범죄 이력은 없는지 확인해야 합니다. 따라서 인사청문회에서 국민이 궁금해하거나 꼭 알아야 하는 것을 국회의원이 대신 묻고 답을 듣습니다.

  청문회는 인사청문회 외에도 그 종류가 다양합니다. 입법과 관련된 정보와 전문

우리나라의 인사청문회는 2000년 6월 제16대 국회의 인사청문회법 제정으로 도입되었다.

적인 지식을 듣는 '입법청문회', 쟁점이 된 사건의 진상을 밝혀내는 '조사청문회' 등이 있습니다. 어떤 청문회든 국민이 모든 과정을 알 수 있도록 공개하는 것이 원칙입니다. 필요하다면 관련된 증인이나 참고인에게 출석을 요구해 증언을 들을 수도 있습니다.

인사청문회에서는 후보자의 어떤 점들을 검증할까요? 이는 인사청문회법에 명확하게 적혀 있습니다. 직업·학력·경력·병역 신고 사항·재산 신고 사항·세금의 납부 및 체납 실적·범죄 경력 및 후보자의 자질에 관해 확인합니다. 기본적으로 후보자가 대한민국의 국민으로서 의무와 법을 준수하고 살았는지, 공직자가 될 자격이 있는지를 면밀히 살펴봅니다.

우리는 청문회를 통해 후보자가 자질이 있는지 똑바로 지켜봐야 합니다. 인사청문회는 대한민국이 앞으로 나아갈 방향을 설정하는 사람들을 뽑는 면접으로, 그 어떤 면접보다 중요하기 때문이죠.

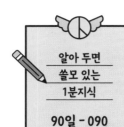

패스트트랙

패스트트랙은 법안 날치기와
무엇이 다를까?

서울 지하철 1호선이나 9호선에는 급행 열차가 있습니다. 일반 열차와 달리 주요 역에만 정차해서 목적지에 빠르게 도착하는 열차이지요. 그런데 국회에도 급행 열차와 비슷한 것이 있습니다. 바로 패스트트랙Fast track입니다.

'패스트트랙'은 중요한 법안을 다른 일반 법안보다 빠르게 처리하는 제도입니다. 중요 법안이 빠르게 통과되도록 태워 보내는 일종의 급행 열차죠. 패스트트랙의 정식 명칭은 '국회선진화법상 신속 처리 안건'으로, 부르기 쉽게 패스트트랙이라는 용어를 쓰는 것입니다.

우리나라는 입법부인 국회와 행정부인 정부가 법안을 낼 수 있습니다. 이런 구조에서 왜 안건을 신속하게 처리하는 패스트트랙 제도가 또 있는 걸까요? 하나의 법안을 처리하는 과정이 복잡하기 때문입니다.

법안이 통과되려면 여러 과정을 거쳐야 합니다. 국회와 정부에서 법안을 내면 국회 내의 소관 상임위원회로 갑니다. 상임위원회는 안건을 심의해 본회의에 올리거나 폐기할 수 있습니다. 상임위원회를 통과한 법안은 법제사법위원회로 넘어가는데, 여기서 새로운 법안이 헌법에 위배되는 점은 없는지, 형식에 맞는지 등을 살핍니다. 그리고 법제사법위원회가 문제가 없다고 판단하면, 법안은 이제 본회의로 넘어갑니다. 본회의에서는 법안을 통과시킬지 말지 결정하는데, 일반적으로 재적의원 과반수가 출석하고 출석의원 과반수가 찬성하면 법안이 통과됩니다. 국회를 통과한 법안은 대통령에게 넘어가고, 대통령은 법률로 공포합니다.

　문제는 이 과정에서 날치기와 물리적 충돌이 빈번해, 법안 통과를 진행하기 어렵다는 것입니다. 정당끼리 편을 가르고 대립하면 법안 통과는 지지부진해집니다. 새로운 법을 만들거나 기존의 법을 고치려면 시간이 많이 듭니다. 정해진 법안 처리 기간도 없기 때문에 진행하다가 멈춰 있는 법안도 많습니다. 사실 법안 처리는 심사를 담당하는 국회의원의 손에 달린 문제입니다. 법은 국민을 위한 것인데, 필요한 법안 처리가 미뤄지면 그만큼 국민이 불편을 겪겠지요.

　이런 이유로 제18대 국회에서는 패스트트랙을 도입했습니다. 패스트트랙을 따르면 국회의장은 교섭단체 대표와 협의해 법안의 심사 기간을 지정할 수 있습니다. 소관위원회가 기한 내 법안을 심사하지 못하면, 국회의장은 다른 위원회로 법안을 넘기거나 본회의에 부의(토의에 부침)할 수 있습니다.

법안 처리가 무한정 늦어지는 것을 막을 수 있는 것이지요.

1 패스트트랙 법안 지정

소관 상임위 재적의원
5분의 3 이상 찬성 시

2 해당 상임위 심사

최장 180일 → 90일
(미의결 시 자동으로 법사위 회부)

3 법사위 심사

최장 90일
(미의결 시 본회의에 자동 부의)

4 본회의 상정

최장 60일 → 생략 가능
(국회의장 재량 따라 부의 기간 생략 가능)

5 표결

VOTE

재적의원 과반수의 출석, 출석의원
과반수의 찬성

패스트트랙 처리 절차

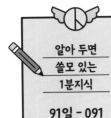

필리버스터

국회의원들이 끼니도 거르고
용변도 참아가며 계속 발언하는 이유는?

우리나라 법은 국회의원이 법안을 발의하고 토론한 후 표결을 통해 통과 여부를 결정합니다. 이때 결정 방식은 다수결 원칙에 따른 투표입니다. 그 때문에 의석수가 많은 다수 정당 의원들이 소수 정당의 의견을 무시하고, 힘으로 법안을 통과시킬 확률이 높습니다.

이때 소수당 의원이 합법적으로 표결을 방해할 수 있는 방법이 필리버스터filibuster입니다. '필리버스터'는 토론자가 단상 위에서 계속 발언을 이어 가는 무제한 토론을 뜻합니다. 토론이 끝나지 않으면 다음 단계인 표결이 이뤄지지 않기 때문에, 다수당이 법안을 채택하거나 정책을 결정할 수 없습니다.

필리버스터라는 단어는 1851년에 처음 쓰였다고 합니다. 이 단어는 스페인어 필리부스테로filibustero에서 나온 말로, 해적 혹은 약탈자를 뜻합니다. 19세기 중반 미국 중앙정부를 무너뜨리고자 했던 남부 모험가들도 필리버스터로 불렸습니다. 이 단어는 1800년대 중반부터 정치적인 의미로 쓰이기 시작했습니다.

무제한 토론으로 법안 통과를 막는다니, 다소 황당하게 느껴지나요? 하지만 이러한 방식은 미국·영국·캐나다에서도 시행되고 있습니다. 우리나라에서 필리버스터를 처음 한 사람은 김대중 전 대통령입니다. 1964년 당시 야당 의원이었던 김대중 전 대통령은 동료 의원의 구속동의안이 본회의에 상정되자, 이를 막기 위해 무려 5시간 19분 동안 발언해 안건 처리를 무산시켰습니다.

우리나라는 2012년 국회법이 개정되면서 일정 조건을 충족하면 필리버스터를 신청할 수 있습니다. 특정 안건에 대해 국회 재적의원 중 3분의 1 이상이 요구하면 개시 가능하고, 토론자가 있으면 토론을 계속 진행할 수 있습니다. 토론을 멈추거나, 토론에 나서는 의원이 더 이상 없거나, 국회 재적의원 중 5분의 3 이상이 토론을 멈추자고 하면 필리버스터는 중단됩니다. 무제한 토론이 끝나면 해당 안건은 즉시 표결에 부쳐집니다.

우리나라에서는 국회법에 따라 무제한 토론을 기본 방침으로 하고 있기에 필리버스터를 시작하면 토론자는 그 자리를 떠날 수 없습니다. 식사는 물론 화장실도 갈 수 없으며, 단상에서 내려올 경우 다음 토론자가 바로 이어서 토론해야 합니다. 토론자가 의제

필리버스터는 고대 로마시대에도 있었다. 로마의 집정관이었던 카이사르Gaius Julius Caesar가 농지개혁법을 발의하자, 이를 막기 위해 상원의원 카토 영거Cato Younger가 원로원에서 하루 종일 연설했다.

와 관계없는 발언을 하는 것도 금지되어 있습니다. 반면, 미국에서는 의제와 발언이 아무런 관계가 없어도 되며, 용변이나 식사 등의 이유로 발언 중 잠시 자리를 벗어날 수 있습니다.

SNS 선거전

유튜브가 대통령 선거 결과를
바꿀 수도 있다고?

여러분은 어떤 경로로 사회나 정치 이슈를 알게 되나요? 보통 신문이나 인터넷, TV를 통해 접할 텐데요. 혹시 최근에는 유튜브를 통해 사회나 정치 이슈를 접한 경험이 많지 않나요? 어쩌면 인기 동영상 순위에 정치 관련 영상이 상위권을 차지하는 것을 보았을 것 같습니다.

유튜브YouTube는 대중매체가 아니라 1인 미디어입니다. '1인 미디어'는 개인이 인터넷을 통해 글·사진·영상 등의 콘텐츠를 공유하는 서비스를 뜻합니다. 이제는 동영상을 기반으로 한 개인 방송 시대가 열렸습니다. 전 세계 사람들이 유튜브에 올라온 콘텐츠들을 보고 평가합니다. 이러한 매력 덕분에 유튜브는 끼와 재능을 보여 주는 기회의 장으로 쓰이고 있습니다. 우리나라 어린이들이 희망하는 장래 직업 순위에 유튜버가 몇 년 동안 꾸준히 상위권을 차지하고 있는 것을 보면, 유튜브의 위력을 짐작할 수 있습니다.

유튜브를 비롯한 SNS는 정치의 근간인 선거 문화에도 획기적인 변화를 가져왔습니다. 전화나 전단지에 의존하던 기존 선거전의 양상을 완전히 뒤바꿔 놓은 것이죠. 대표적인 사례가 미국의 버락 오바마Barack Obama 대통령입니다. 오바마 대통령은 유튜브, 트위터Twitter, 페이스북Facebook 등을 잘 활용해 대통령이 되었다는 평가를 받았고, 한때는 SNS 대통령으로 불리기도 했습니다. 2008년 미국 대선 직전에 버락오바마닷컴barackobama.com 유튜브 채널은 2,000만 건 이상의 조회수를 기록했습니다.

반면, 경쟁자였던 공화당 후보 존 매케인John McCain의 채널 조회수는 200만 건에 불과했습니다. 매케인 지지자의 연령대가 오바마 지지자보다 높아 SNS 이용이 서툴렀고, 오바마 관련 동영상이 미국 전역에서 선풍적인 바람을 일으킨 덕분이었습니다.

SNS를 이용한 정치인의 선거전은 우리나라도 마찬가지입니다. 현재 유튜브나 페이스북 등을 홍보 수단으로 활용하지 않는 정치인이 매우 드물 정도입니다. 정보통신정책

SNS를 효과적으로 이용해 미국 제44대 대통령에 당선된 버락 오바마

연구원KISDI이 2018년 발간한 인터넷 동영상 서비스 관련 보고서에 따르면, 유튜브 인기 영상 3건 중 1건이 정치·시사 분야 콘텐츠입니다.

유튜브는 정치에 대한 관심을 높이는 효과도 있지만, 한편으로는 우려되는 점도 있습니다. 유튜브 콘텐츠의 논조나 댓글에 따라 세상이 움직일 수도 있기 때문입니다. 소수의 의견이 다수의 견해로 둔갑하거나 가짜 뉴스가 하루아침에 중요한 사회적 이슈로 떠오르기도 하지요. 일부 유튜브 채널에서 지지자들의 관심을 끌기 위해 편향되고 자극적인 내용을 만드는 점도 크게 우려할 만한 대목입니다.

촛불집회

우리나라에서 촛불집회는
왜 시위가 아니라 문화제일까?

해질녘이 되자 시민들이 촛불을 들고 모입니다. 촛불이 하나둘 모일수록 물결이
점점 커집니다. 이처럼 주로 야외에서 촛불을 들고 진행하는 시위를 '촛불집회'라고
합니다.

우리나라에서 촛불집회는 문화제 성격으로 열리고 있습니다. 왜 시위를 문화제
라고 부를까요? 이는 야간 시위를 금지하는 '집회 및 시위에 관한 법률' 때문입니다.
'집회 및 시위에 관한 법률'은 해가 진 이후 옥외(집 또는 건물의 밖)에서 집회나 시위를 하
는 것을 금지하고 있지만, 문화행사 등은 예외로 인정합니다. 법률에 따른 제약을 뛰
어넘기 위해 문화제라는 형식을 빌려온 것입니다.

세계 최초의 촛불집회는 1968년 5월 미국의 베트남전 반대 시위였습니다. 미국
의 제국주의 전쟁에 반대하기 위해 대학생과 시민이 모여 비폭력, 평화 시위 수단으
로 촛불을 밝힌 것이 그 시작이죠. 그렇다면 왜 촛불을 컨 것일까요? 촛불은 전쟁과
같은 부당한 '큰 불'에 저항하는 개인의 작은 의지를 상징합니다. 촛불집회의 가장 큰
특징은 평화 시위라는 점입니다. 시민들이 자발적으로 거리로 나와 자신의 정치적
의사를 평화적으로 나타내면서 정치를 바꾸는 것이 특징입니다.

그렇다면 우리나라에서는 언제부터 촛불집회가 열렸을까요? 1987년 6월 민주
항쟁에서 평화와 민주주의를 염원하는 촛불이 처음 등장했습니다, 2002년 11월에
는 주한미군의 장갑차에 깔려 사망한 두 여중생을 추모하는 집회가 열렸습니다. 또

촛불을 든 시민의 모습

2004년 3월에는 노무현 당시 대통령의 탄핵에 반대하는 촛불집회가 열렸고, 2008
년에는 미국산 쇠고기 수입을 반대하는 촛불집회가 일어났습니다. 이후 촛불집회는
2011년 대학생의 반값 등록금 집회, 2016년 박근혜 당시 대통령의 탄핵 집회 등을
거치며 우리나라 시위의 주요 방식으로 자리 잡았습니다.

레임덕

임기 말의 대통령은 왜 레임덕에 빠질까?

어느 정권이나 대통령 임기 말에는 레임덕 이야기가 자주 나옵니다. 도대체 레임덕이 뭐길래 대통령들이 꼭 겪게 되는 걸까요?

'레임덕Lame Duck'은 절름발이를 뜻하는 Lame과 오리를 뜻하는 Duck의 합성어입니다. 정권의 힘이 떨어져 제대로 앞으로 나아가지 못하고 뒤뚱거리는 모습이 마치 절름발이 오리의 뒤뚱거리는 모습과 같다고 해서 생겨난 말입니다. 레임덕이란 말이 나오지 않은 정권이라면 어느 정도 정권을 안정적으로 유지했다고 볼 수 있겠습니다.

본래 레임덕이란 용어는 1700년대 영국 증시가 급락하는 바람에 빚더미에 올라 제대로 빚을 갚지 못한 투자자를 부르는 말이었습니다. 처음에는 경제 용어로 썼던 이 말이 1860년대부터 미국의 정치권에서 쓰이기 시작했습니다. 링컨Abraham Lincoln 대통령 시절 야당 의원들이 대통령에게 완전히 등을 돌리자, 링컨 대통령 부부는 이도 저도 할 수 없는 상황에 처했습니다. 이때 언론에서 그런 상황을 레임덕이라는 말로 빗대어 부른 것입니다.

레임덕은 대통령 중심제 국가에서 자주 나타나는 현상입니다. 특히 우리나라처럼 대통령 단임제를 채택한 나라는 대통령 임기 말에 피해갈 수 없는 숙명처럼 레임덕과 마주치게 됩니다. 현재 대통령은 지는 해로 여기고 새로운 권력을 찾아 나서는 사람들이 많기 때문입니다. 물론 미국처럼 4년 중임제를 채택하고 있는 나라에서도 임기 말에는 레임덕 현상이 자주 나타납니다.

레임덕은 어떻게 보면 당연한 현상이라고 할 수 있습니다. 기존 대통령이 곧 임기가 끝나고 더 이상 힘을 쓰기 어렵다는 것을 알고 있으면 주변 사람들이 말을 잘 듣지 않겠죠. 대통령이 임기 말에 뭘 좀 하려고 해도 집권 여당은 여당대로, 야당은 야당대로 다음 대선에 몰두하느라 별다른 신경을 쓰지 않게 됩니다. 기존 대통령보다는 새로운 대통령에게 힘이 쏠리는 권력 공백 상태가 발생하는 것이지요.

다리를 저는 오리를 묘사한 그림

민주주의 국가뿐만 아니라 독재 국가에서도 레임덕 현상은 찾아볼 수 있습니다. 북한에서도 김일성 말년에는 아들 김정일에게 실권을 거의 다 빼앗긴 모습을 보이기도 했습니다. 역사적으로도 아버지와 아들 사이의 권력 다툼은 자주 나타나는 현상이었습니다.

국민청원

가끔씩 청와대 국민청원 게시판을
들여다봐야 하는 이유는?

현재 대한민국에서 가장 대표적인 전자민주주의를 꼽는다면 청와대 국민청원을 들 수 있습니다. 청와대 국민청원은 "국민이 물으면 정부가 답한다"라는 슬로건을 바탕으로 정부가 만든 사이트입니다. 대한민국 국민이라면 누구나 청와대 홈페이지에서 원하는 청원을 올릴 수 있지요.

청와대가 국민청원 사이트를 만든 계기는 이렇습니다. 세월호 참사 후 약 600만 명의 국민이 '세월호 특별법'을 만들어달라는 서명 운동에 참여했는데, 당시 박근혜 정부는 아무런 반응이 없었습니다. 이를 인식한 문재인 정부는 국민이 뜻을 모으면 정부가 관심을 갖겠다는 의도로 SNS 시대에 맞는 소통 공간을 만들겠다고 밝혔습니다. 그래서 2017년 8월 17일, 정부 출범 100일을 맞이해 청와대 홈페이지를 '국민 소통 플랫폼'으로 개편했습니다. 이는 미국이 오바마 대통령 시절에 만든 '위 더 피플WE THE PEOPLE' 사이트를 벤치마킹한 것입니다.

국민청원에서 청원請願이란 정확히 무슨 뜻일까요? '청원'은 국민이 정부나 시청, 구청 등에 어떤 행정 처리를 요구하는 것을 뜻합니다. 우리나라 헌법 제26조에는 '모든 국민은 국가기관에 문서로 청원할 권리가 있으며, 국가는 반드시 청원을 심사할 의무가 있다'고 적혀 있습니다.

그렇다면 국민청원 사이트에는 어떤 청원이 올라오고 있을까요? 카테고리를 보면 정치개혁, 외교·통일·국방, 일자리, 미래, 성장동력, 농산어촌, 보건복지, 육

청와대 국민청원은 정부가 국민의 목소리를 직접 듣고 답변한다는 점에서 '현대판 신문고'라고도 불린다.

아·교육, 안전·환경, 저출산·고령화 대책, 행정, 반려동물, 교통·건축·국토, 경제민주화, 인권·성평등, 문화·예술·체육·언론, 기타 등으로 17가지가 있습니다. 이 중에서 인권·성평등과 정치개혁 카테고리의 호응이 가장 높습니다.

단순히 청원만 받고 끝나는 것은 아닙니다. 30일 동안 20만 명 이상 동의할 경우에는 장관과 수석비서관을 포함한 정부 관계자가 30일 이내에 공식 답변을 내놓아야 합니다. 공식 답변을 할 때는 상황을 파악해 현 단계에서 어떤 논의가 필요한지, 해결이 가능한지, 어느 수준까지 답변이 가능한지 검토합니다.

이처럼 우리는 정부에 원하는 것을 자유롭게 주장하고, 정부와 실시간으로 의견을 나누는 시대에 살고 있습니다. 바야흐로 전자민주주의 전성시대를 맞고 있는 것이지요. 평소 정부에 할 말이 많거나, 지금 가장 뜨거운 현안이 무엇인지 알고 싶다면 청와대 국민청원 사이트에 들어가 보세요. 게시판을 뒤적이다 보면 추천하고 싶은 청원, 눈물 나는 청원, 미소 짓게 하는 청원을 볼 수 있습니다.

브렉시트

영국은 왜 유럽연합을 탈퇴했을까?

2016년 6월 23일 영국 시민들이 일제히 투표소에 줄을 섰습니다. 영국 시민들은 "영국이 유럽연합 회원국으로 남아야 하는가? 떠나야 하는가?"라는 두 가지 갈림길에서 선택을 했습니다. 투표 결과, 유럽연합EU 탈퇴가 우세한 것으로 나타났습니다. 유럽연합 탈퇴 여부를 묻는 국민투표를 약속했던 캐머런David Cameron 총리는 예상 밖의 결과에 책임을 지고 사퇴했습니다. 유럽연합에 잔류하자는 의견도 만만찮았지만, 영국은 결국 2020년 1월 31일 유럽연합을 공식 탈퇴했습니다.

'브렉시트Brexit'라는 용어는 영국을 뜻하는 Britian과 퇴장을 뜻하는 Exit의 합성어로, 영국이 유럽연합에서 탈퇴한다는 뜻입니다. 최초로 유럽연합을 구상했던 사람은 영국의 전 수상 윈스턴 처칠이었는데요, 아이러니하게도 영국이 유럽연합을 떠나는 첫 국가가 된 것입니다. 그렇다면 영국은 무슨 일이 있었길래 유럽 통합 열차에서 중도 하차를 선택한 것일까요?

사실 브렉시트는 영국의 갑작스러운 돌발 행동이 아닙니다. 제2차 세계대전 이후 유럽에서 전쟁 피해가 가장 적었고 막강한 경제력과 군사력까지 보유했던 영국은 유럽 내의 영향력을 더욱 키우고 싶어 했습니다. 영국은 유럽의 리더로서 주변국과 우호 관계를 맺으려 했지만, 주변국의 생각은 영국과 달랐습니다.

프랑스·독일·이탈리아 등 전쟁 피해 복구에 한창이었던 유럽 국가들은 어느 한 나라가 우위에 서기보다는 서로 협력하며 발전해 나가기를 희망했습니다. 그래서 유

영국 국기와 유럽연합 깃발

럽석탄철강공동체ECSC, 유럽경제공동체EEC, 유럽원자력공동체EURATOM 등을 만들며 협력 체제를 이루어 나간 거죠. 그러나 영국은 그런 공동체 안에서는 자신이 우위에 설 수 없다고 판단해, 한때는 기구 참여를 거부하기도 했습니다. 그런 영국이 결정적으로 유럽연합 탈퇴를 결심한 세 가지 이유가 있습니다.

첫째, 영국이 유럽연합에 내는 돈에 비해 받는 혜택이 적었습니다. 2015년 영국은 129억 파운드의 분담금을 냈지만 수혜금은 50억 파운드에 불과했습니다. 둘째, 유럽 문제는 언제나 영국이 주도권을 가졌는데, 경제적인 이유로 독일이나 프랑스의 주도권이 더 커져가자 불만을 품게 되었습니다. 셋째, 영국 국민은 유럽연합 회원국 이민자들이 일자리와 복지 혜택을 가지고 가는 것에 불만이 컸습니다.

이러한 이유로 브렉시트를 감행한 영국은 유럽연합 단일시장을 이용할 수 없게 되었습니다. 브렉시트 이후 영국과 유럽연합 측은 새로운 관계를 정립하기 위해 계속 대화를 이어왔습니다. 그 결과 2020년 12월 무역·안보·이민·외교정책·교통 등에 관한 협상에 합의했습니다.

워터게이트

미국의 닉슨 대통령은 왜 사임했을까?

미국의 리처드 닉슨Richard Nixon 대통령은 1969년 1월부터 1974년 8월 사임하기까지 재선에 성공하며 지지율도 높았습니다. 하지만 그런 닉슨 대통령이 워터게이트 사건Watergate Affair으로 인해 스스로 물러나게 되었습니다.

'워터게이트'는 미국 최대의 정치 스캔들이자 미국 대통령이 권한을 남용한 사건입니다. 대통령 선거를 앞둔 1972년 어느 날, 워싱턴의 워터게이트 빌딩에 있는 민주당의 선거운동 본부에 도청 장치를 설치하려고 침입한 괴한들이 체포되었습니다. 체포된 침입자 다섯 명은 단순 절도라고 주장했지만, 그들 중 한 명이 백악관 전화번호를 갖고 있다는 사실이 알려지면서 언론의 관심을 사게 되었습니다. 공화당 소속이었던 닉슨 대통령이 재선을 유리하게 할 목적으로 민주당을 도청한 것은 아닌지 의혹을 받게 된 것입니다. 닉슨은 CIA를 동원해 사건을 숨기려고 했지만, 은폐 계획이 녹음된 테이프가 발견되면서 큰 파장이 일어납니다.

결국 특별 검사와 상원 특별위원회는 백악관에 녹음 테이프를 증거로 제출하라는 명령을 내립니다. 닉슨은 법무장관에게 이를 무효로 하고 특별 검사를 해임하라고 압력했습니다. 하지만 법무장관과 법무차관이 이를 거절하고 줄줄이 사임해 버립니다. 닉슨은 테이프를 제출하는 대신 테이프 내용을 기록한 문서를 제출했는데요, 그 문서는 대부분의 내용을 삭제한 것이었습니다. 결국 연방 대법원과 미국 국민 모두가 분노했고, 닉슨은 탄핵 과정을 밟던 도중 대통령직에서 물러났습니다.

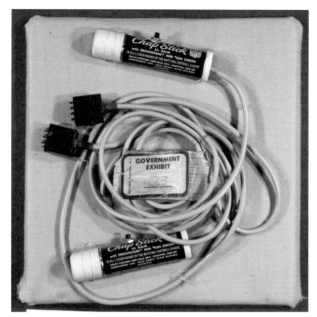

워터게이트 빌딩에 설치된 도청 장치

처음에는 도청죄로 시작되었지만, 대통령이 사임할 정도로까지 사태가 크게 번진 것은 국민에게 거짓말을 했기 때문이었습니다. 국민 앞에서는 "나는 사기꾼이 아니다"라고 기자회견을 열었으면서, 뒤에서는 자신의 녹음 테이프를 훼손했으니 엄청난 중죄가 된 것이죠. 사건이 벌어진 후 대통령직을 이어받은 부통령 제럴드 포드 Gerald Ford는 얼마 지나지 않아 대통령의 특권으로 닉슨을 사면했습니다. 미국 국민은 지나치게 이른 사면에 분노했고, 결국 포드는 재선에 실패하고 말았습니다.

워터게이트 사건이 시사하는 바는 무엇일까요? 부패한 정치인을 물러나게 하는 것뿐만 아니라, 부도덕한 정치인을 만들어내는 시스템을 고치는 것도 매우 중요합니다. 이를 위해서는 언론이 권력을 감시하는 역할에 충실해야 합니다.

포퓰리즘

포퓰리즘은 대중을 현혹하는
매표 행위에 불과한 걸까?

포퓰리즘이란 말을 들어본 적 있으신가요? 포퓰리즘은 사람들이 정치 관련 이야기를 하면서 자주 쓰는 단어입니다. 의미를 잘 모를 경우 나쁜 뜻이라고만 생각할 수 있지만, 꼭 그렇지는 않습니다.

포퓰리즘은 대중이나 민중을 뜻하는 라틴어 포풀루스Populus에서 유래되었다고 합니다. '포퓰리즘'은 일반 대중의 요구와 바람을 대변하는 정치 사상이나 활동을 일컫습니다. 소수의 엘리트가 대중을 지배하는 '엘리트주의'와는 반대되는 개념이지요. 그래서 대중주의 또는 민중주의라고도 불립니다.

포퓰리즘의 기원은 기원전 2세기 로마의 호민관 그라쿠스Gracchus 형제가 시민들에게 농지를 무상으로 나눠주고 옥수수를 싸게 파는 농지개혁을 추진한 데에서 유래했다는 이야기가 있습니다. 19세기 후반 러시아에서 농민 계몽을 통해 사회 변혁을 꾀한 나로드니키Narodniki 운동과 미국에서 인민당People's Party을 중심으로 전개된 농민 운동으로부터 비롯되었다고 보는 견해도 있습니다.

선거철만 되면 표를 얻기 위해 일단 쏟아내고 보는 각종 포퓰리즘 정책에 부정적인 의견이 많습니다. 정치인들이 재정을 고려하지 않은 채 대중의 인기를 얻을 목적으로 잘못된 공약을 하는 것은 큰 문제입니다. 하지만 포퓰리즘이 무조건 부정적인 것만은 아닙니다. 포퓰리즘의 본래 의미는 보통 사람들을 우선으로 하는 하나의 정치 사상이자 활동이고, 정책의 타당성은 별개로 평가받아야 마땅하기 때문입니다.

포퓰리즘 정책이 늘 실패로 끝나는 것은 아닙니다. 브라질 룰라Lula da Silva 대통령은 빈민층에 생계비를 지원하는 등 파격적인 복지 정책을 펼쳤는데요, 국가 재정을 파탄내는 포퓰리즘이라는 공격을 받았지만, 결국 브라질의 경제 성장을 이끌어 냈습니다. 현재는 성공한 포퓰리즘 정책으로 평가받고 있죠.

포퓰리즘은 대중을 위한 정책을 만들고 다수의 지지를 얻어내기 위해 노력한다는 점, 다수의 지배와 직접적인 정치 참여를 강조한다는 점에서 민주주의와 깊이 연관되어 있습니다.

성공적인 포퓰리즘 정책을 펼쳤던 브라질의 룰라 대통령

징벌적 손해배상

악의적인 가해 행위는
어떻게 처벌해야 효과적일까?

　미국 뉴멕시코주에 살던 81세의 할머니가 운전 도중 화상을 입었습니다. 자동차가 급정거하면서 맥도날드McDonald's에서 구입한 커피가 쏟아진 탓입니다. 다리를 비롯해 몸에 3도 화상을 입은 할머니는 맥도날드를 상대로 소송을 걸었습니다. 일반 커피의 온도는 55~60℃인데 반해 맥도날드 커피의 온도는 82~88℃로 지나치게 뜨거워 화상 위험이 높았는데요, 지나치게 뜨거운 커피 탓에 지난 10여 년간 화상 사고가 700여 건이나 발생했지만, 맥도날드가 이를 알면서도 계속해서 뜨거운 온도를 고수한 탓에 화상을 입었다는 주장이었습니다.

　배심원들은 할머니의 손을 들어주며 "맥도날드는 286만 달러를 지급하라"고 판결을 내렸습니다. 그중 16만 달러는 치료비였지만, 나머지 270만 달러는 맥도날드를 처벌하는 성격의 손해배상금이었습니다.

　뜨거운 커피를 판매한 게 왜 그렇게 큰 잘못인지 이해가 잘 안 되죠? 잠시 부연 설명을 할게요. 미국레스토랑협회NRA는 테이크아웃 커피를 판매할 때 적정한 커피 온도를 규정하고 있습니다. 고객들이 화상을 입지 않도록 하기 위함이죠. 그런데 맥도날드가 이 규정을 무시하고 훨씬 더 뜨거운 커피를 판매한 것입니다. 온도가 높아야 커피가 더 오랫동안 따뜻하게 유지되고, 장거리 운전자들에게 인기가 많기 때문입니다. 규정을 위반하고 화상 치료비를 몇 푼 물어주더라도, 커피를 많이 팔아서 매출을 올리는 것이 더 이익이라고 판단한 것이죠. 따라서 미국 법원은 맥도날드가 뜨

기업은 제품을 판매할 때 고객의 안전을 지킬 의무가 있다. 이를 무시하고 지나치게 뜨거운 커피를 판매해 고객이 화상을 입게 한 것에 마땅히 책임을 져야 한다.

거운 커피의 위험성을 알고도 규정을 지키지 않은 것에 대해 징벌적 손해배상의 취지로 피해자의 손을 들어준 거예요. 기업의 고의성이나 악의성을 예방하기 위해 법원이 일부러 벌금을 세게 매긴 것입니다. 이 일을 계기로 맥도날드는 커피 온도를 55~60℃로 낮춰 판매하게 되었습니다.

'징벌적 손해배상'은 가해자의 행위가 악의적이고 반사회적일 경우 실제 손해액보다 훨씬 더 많은 금액을 배상하도록 하는 제도입니다. 이 제도는 처벌적 성격이 강합니다. 피해에 상응하는 액수만을 보상하게 하면 예방 효과가 충분하지 않을 테니, 훨씬 많은 금액을 배상하도록 하는 것이지요. 이를 통해 더 이상 부당 행위를 저지르지 못하도록 하는 것입니다.

알아 두면
쓸모 있는
1분지식

100일 - 100

안전보장이사회

겨우 5개 국가가 UN의 결정을
좌지우지하는 이유는?

국제연합UN은 전 세계에서 일어나는 정치·경제·환경·무역 등 갖가지 문제의 현안에 가장 먼저 달려들어 평화적으로 해결하고자 노력하는 단체입니다. 국제연합의 최고 의사결정 기구는 총회인데요, 이 기구에는 각 나라의 대표들이 모여 세계의 평화와 안전, 국제사회의 협력에 대해 의견을 나누고 해결 방안을 찾습니다. 총회는 국제연합의 모든 회원국으로 구성되며 1국 1표의 원칙을 따르고 있습니다. 인구가 많든 적든, 역사가 오래된 국가든 신생 독립국가든, 영토가 넓든 좁든, 경제력과 군사력이 강하든 약하든 상관없이 모든 나라에 평등한 1표가 주어집니다.

국제연합에서 실질적으로 의사결정을 하는 기구는 '안전보장이사회'입니다. 총회와 안전보장이사회가 어떻게 다르냐고요? 국제연합이 회사라면 총회는 회사의 모든 구성원이 모이는 회의, 안전보장이사회는 회사의 주요 임원이 참석하는 회의라 볼 수 있습니다. 총회와 달리 안전보장이사회의 결정은 구속력을 가집니다. 국제 분쟁을 평화적으로 해결하기 위한 절차와 방법을 권고하고, 권고의 효과가 없을 경우에는 경제적 제재나 군사적 조치를 취할 수 있답니다. 실제로 1992년 유고슬라비아 내전, 1993년 소말리아 사태 등 분쟁 지역에 국제연합 평화유지군을 투입하기도 했습니다. 이때 권고가 아닌 강제조치 결정은 구속력을 띕니다. 당연히 안전보장이사회의 힘이 상당히 세겠죠?

안전보장이사회는 5개의 상임이사국과 10개의 비상임이사국으로 이루어져 있

안전보장이사회의 회의 모습

습니다. 15개 나라가 모여 국제사회의 일들을 결정하는 것이지요. '상임이사국'의 상常은 '항상'이라는 뜻으로, 5개의 나라(미국·영국·프랑스·중국·러시아)는 고정 멤버라는 것을 알 수 있습니다. 사실 상임이사국들은 제2차 세계대전의 승전국들입니다. 국제연합이 제2차 세계대전의 종전과 함께 만들어졌기 때문이지요. 반면, '비상임이사국'들은 세계 모든 지역에서 대표가 나올 수 있도록 대륙별로 숫자를 비례해 선출하고, 임기가 정해져 있습니다.

상임이사국과 비상임이사국은 격이 다릅니다. 예를 들어 어떤 결의안에 대해 투표를 한다고 가정해 보겠습니다. 여기서 9개 이상의 이사국들이 찬성하면 결의안의 효력이 발휘되고, 경제적 제재나 군사적 개입이 이루어집니다. 이때 5개의 상임이사국은 거부권을 행사할 수 있는데요, 14개국이 찬성하더라도 상임이사국 중 한 국가라도 거부권을 행사하면 그 결의안은 무효가 됩니다. 안전보장이사회 상임이사국의 거부권 행사는 국제사회에서 힘의 논리를 잘 보여줍니다.

같이 죽기 싫으면 네가 양보해!
_국제사회의 치킨게임

1950년대 미국의 젊은이들 사이에서는 위험천만한 자동차 게임이 유행했다. 자신의 담력을 과시하기 위해 양쪽에서 자동차를 몰고 정면으로 돌진하는 게임이었다. 만약 한쪽이 피하지 않는다면 양쪽 모두 죽게 되는데, 어느 한 사람이 먼저 옆으로 피하면 그 사람은 겁쟁이로 낙인찍힌다. 그리고 겁쟁이라는 뜻의 '치킨'으로 불리게 된다.

이처럼 어느 한쪽이 양보하지 않으면 양쪽이 모두 파국으로 치닫는 극단적인 게임 이론을 '치킨게임Game of Chicken'이라고 한다. 치킨게임 이론은 국제정치와 경제 분야에서 아슬아슬한 상황이 발생할 때 단골로 등장한다. 일례로 냉전시절 당시, 미국과 소련의 대립을 설명하기 위해 치킨게임이란 말이 쓰였다. 1950~1970년대 미국과 소련은 극단적으로 군비 경쟁을 펼쳤고, 급기야 핵전쟁이 발생할 위기로까지 번졌다. 양국의 군비 경쟁이 핵전쟁으로 이어지면 전 세계적인 재앙이 될 것이라는 우려가 지구촌을 뒤덮었다.

국제경제 분야에서 벌어진 치킨게임의 사례로는 2019년 미·중 무역전쟁을 들 수 있다. 당시 미국과 중국은 상대 국가의 제품에 보복 관세를 매기고 관세율을 높이는 등 '관세 폭탄'을 주고받았다. 세계 1, 2위의 경제대국인 미국과 중국이 최악의 대

치킨게임을 묘사한 그림

결을 지속하면서 세계경제에는 먹구름이 드리워졌는데, 각국 언론에서는 이를 "치킨게임의 양상과 같다"라고 보도했다.

이러한 치킨게임은 의미가 확장되어 사회적·경제적으로도 쓰인다. 기업들이 치킨게임과 같은 경쟁을 벌인 사례도 있다. 2010년 삼성전자를 비롯한 반도체 기업들이 치킨게임을 벌인 것이 대표적이다. 각 업체들은 시장점유율을 높이기 위해 손해를 감수하면서 앞다퉈 반도체 가격 인하에 나섰고, 삼성전자는 막강한 현금 동원력을 바탕으로 마지막까지 버텼다. 결국 다른 기업들이 줄줄이 항복함에 따라 삼성전자는 반도체 시장에서 최후의 승자가 되었다.

치킨게임은 잘못하면 다 같이 몰락하는 반면, 경쟁자가 무너지면 시장의 강자로 살아남아 더 큰 이익을 누리게 되는 특징이 있다. 하지만 양측이 자신의 이익만을 주장하면 극단적인 결과에 처할 수밖에 없다는 교훈을 결코 잊어서는 안 될 것이다.

우리 문화를 외국에 알리면 나도 외교관?
_민간 외교관

잠시 조선시대로 돌아가서 임진왜란 당시 상황을 살펴보자. 왜란이 일어나기 직전, 선조는 이이를 비롯한 충신들의 경고를 귀담아듣지 않아 일본의 침략을 내다보지 못했고, 전쟁이 발발한 뒤에는 왕권을 지키기에 급급한 모습을 보였다. 이는 정권의 안위만을 추구하는 정부가 빚어낸 외교적 참사라 할 수 있다.

외교력은 국가의 흥망성쇠를 결정하는 중요한 요소다. 그런데 막상 외교가 무엇인지 물어보면 대답하기가 쉽지 않다. '외교'는 다른 나라와 정치적·경제적·문화적 관계를 맺는 일을 의미한다. 그럼 왜 이러한 관계를 맺어야 할까? 우리나라에 이익을 가져오고, 지구촌 여러 나라가 도움을 주고받으며 평화롭게 지내기 위함이다. 특히 국제사회에서 각 나라들은 자국의 이익을 관철하기 위해 적나라한 권력 투쟁을 벌인다. 힘의 논리가 지배하는 국제사회 속에서 각국이 보다 나은 위치에 서려면 외교의 중요성을 깊이 인식해야 한다.

국가 간의 외교 방법은 다양하다. 흔히 외교라고 하면 대통령이나 외교관이 다른 나라에 가서 협상을 하거나 조약을 맺은 후 악수하는 장면이 떠오를 것이다. 이처럼 대통령·국무총리·국왕 등 국가원수 간에 갖는 외교를 '정상 외교'라고 한다. 한 국가를 대표하는 공식 외교사절인 외교관 간의 협상을 통해서도 외교가 이루어진다.

외국인 친구에게 한국문화를 알리는 것도 일종의 민간 외교관 활동이다. 세계적으로 한국의 전통문화와 음식에 대한 관심이 높아지는 만큼 일상에서 민간 외교 활동을 수행할 수 있다.

최근에는 공식적인 외교 활동 외에도 문화와 스포츠 분야에서 민간 주체를 통한 교류가 늘고 있다. 싱글 앨범 〈Dynamite〉로 빌보드 메인 싱글 차트인 '핫100' 1위를 차지했던 가수 방탄소년단BTS은 UN 총회의 연사로 초청받아 전 세계에 긍정적인 메시지를 불어넣으며 한국을 널리 알린 바 있다. 한편, 2020 아카데미 시상식에서 작품상·감독상·각본상 등을 휩쓴 영화 〈기생충〉을 만든 봉준호 감독도 전 세계적으로 한국을 알리는 역할을 했다. 이처럼 공식적인 외교관은 아니지만 자국의 문화를 세계에 널리 알리고, 적극적으로 해외와 교류하는 사람을 '민간 외교관'이라고 부른다. 해외에서 활동하는 사람들 한 명 한 명이 곧 민간 외교관인 셈이다.

일상에서 한국의 문화와 가치에 관심을 갖고 이를 알리려고 노력한다면 누구나 민간 외교관이 될 수 있다. 외국인 친구에게 한국 문화를 알리거나 한국 음식을 나눠 주거나 한글로 된 편지를 보내는 일도 일종의 작은 민간 외교관 활동이라 할 것이다.

도서

- 승지홍 지음, 『10대를 위한 선거 수업』, 도서출판 다른, 2018
- 승지홍 지음, 『10대를 위한 정치 토크』, 도서출판 다른, 2020
- 승지홍 지음, 『까칠한 정치, 우직한 법을 만나다』, 도서출판 들녘, 2016
- 승지홍, 박성민 지음, 『복지로 모두의 인권을 지킨다면』, 도서출판 다른, 2021
- 세르주 코르델리에, 기 파트리크 아제마르 지음, 『한 권으로 읽는 세계현대사』, 글담, 2020
- 솔다드 브라비, 도로테 베르네르 지음, 『만화로 보는 성차별의 역사』, 한빛비즈, 2019
- 윤원근 지음, 『(만화) 마키아벨리 군주론』, 주니어김영사, 2007
- 콘덱스정보연구소 지음, 『정치 이야기, 뭔데 이렇게 재밌어?』, 리듬문고, 2020
- 플라톤 지음, 『소크라테스의 변론』, 소울메이트, 2015
- CBS 노컷뉴스 씨리얼 제작팀 지음, 『100초 정치사회 수업』, 허밍버드, 2017
- EBS 다큐프라임 민주주의 제작팀, 우규오 지음, 『EBS 다큐프라임 민주주의』, 후마니타스, 2016

웹사이트

- 국제연합 (UN)
  https://www.un.org/en/events-and-news
- 교육부 공식 블로그
  https://blog.naver.com/moeblog

1일 1단어 1분으로 끝내는 정치공부

초판 1쇄 발행 2022년 1월 15일
초판 5쇄 발행 2023년 12월 10일

지은이 승지홍
펴낸이 김종길
펴낸 곳 글담출판사 **브랜드** 글담출판

기획편집 이경숙 · 김보라 **영업** 성홍진
디자인 손소정 **마케팅** 김지수 **관리** 이현정

출판등록 1998년 12월 30일 제2013-000314호
주소 (04029) 서울시 마포구 월드컵로8길 41 (서교동 483-9)
전화 (02) 998-7030 **팩스** (02) 998-7924
블로그 blog.naver.com/geuldam4u **이메일** geuldam4u@geuldam.com

ISBN 979-11-91309-19-5 (44340)
       979-11-91309-15-7 (세트)

* 책값은 뒤표지에 있습니다.
* 잘못된 책은 바꾸어 드립니다.

만든 사람들
책임편집 안수영 **디자인** 정현주 **교정교열** 윤혜숙

글담출판에서는 참신한 발상, 따뜻한 시선을 가진 원고를 기다리고 있습니다.
원고는 아래의 투고용 이메일을 이용해 보내주세요. 여러분의 소중한 경험과 지식을 나누세요.
이메일 to_geuldam@geuldam.com